# 2014年度
# 北京地区股权投资行业报告

北京股权投资基金协会 编

Beijing Private Equity Association (BPEA)

首都经济贸易大学出版社
Capital University of Economics and Business Press
·北京·

# 目 录

## 第一部分 2014年度北京地区私募股权投资行业发展指数发布及解析

1 行业持续回暖,迎来发展小高潮 / 4
2 募资表现平稳,投资和退出创新高 / 5
3 2014年下半年利好政策频出台,行业信心大幅提升 / 6

## 第二部分 2014年度北京地区 PE/VC 报告

1 中国股权投资市场现状分析 / 11
   1.1 管理资本量分析 / 11
   1.2 募资情况分析 / 12
   1.3 投资情况分析 / 14
   1.4 退出情况分析 / 15
2 2014年北京地区股权投资市场发展概况 / 19
   2.1 2014年北京地区股权投资市场规模概览 / 20
   2.2 2014年北京地区股权投资基金募集情况 / 21
   2.3 2014年北京地区投资情况分析 / 22
   2.4 2014年北京地区股权投资机构退出情况分析 / 27

## 第三部分 政策汇编(2014年12月)

中国人民银行 科技部 银监会 证监会 保监会 知识产权局关于大力推进体制机制创新 扎实做好科技金融服务的意见 / 31

关于发布《私募投资基金管理人登记和基金备案办法（试行）》的通知（中基协发〔2014〕1号） ／38

国务院关于进一步优化企业兼并重组市场环境的意见（国发〔2014〕14号） ／44

商务部关于《境外投资管理办法（修订）（征求意见稿）》公开征求意见 ／50

境外投资管理办法（修订）（征求意见稿） ／51

国务院关于进一步促进资本市场健康发展的若干意见（国发〔2014〕17号） ／57

国家发展和改革委员会办公厅关于进一步做好支持创业投资企业发展相关工作的通知（发改办财金〔2014〕1044号） ／66

关于进一步明确国有金融企业直接股权投资有关资产管理问题的通知（财金〔2014〕31号） ／67

国家外汇管理局关于境内居民通过特殊目的公司境外投融资及返程投资外汇管理有关问题的通知 ／70

国家税务总局关于加强股权转让企业所得税征管工作的通知 ／75

私募投资基金监督管理暂行办法 ／78

国务院关于创新重点领域投融资机制鼓励社会投资的指导意见（国发〔2014〕60号） ／86

中国保监会关于保险资金投资创业投资基金有关事项的通知（保监发〔2014〕101号） ／96

# 第四部分　北京股权投资基金协会会员名录

北京股权投资基金协会会员名录 ／101

# 第五部分　北京股权投资基金协会介绍

北京股权投资基金协会介绍 ／119

# 第 一 部 分

## 2014 年度北京地区私募股权投资行业发展指数发布及解析

经过若干年发展,中国私募股权投资行业已初具规模。2011年前后,中国私募股权投资行业经历了一轮繁荣发展、激烈竞争和惨淡经营的周期运行。这其中有行业发展自身的因素,也受到中国经济发展周期的影响。值得期待的是,经历了这轮周期后,股权投资行业筛选出一批经得起市场考验的优质投资机构,这些机构通过调整投资策略和退出策略,向着更加专业化、细分化的方向发展。而中国经济结构调整和全面深化改革的背景,也为私募股权投资行业提供了更为广阔的发展空间。

首都北京作为全国政治、文化、教育的中心,自2011年底提出打造"全国股权投资中心"的战略定位以来,吸引了众多股权投资机构在京落地生根,现已成为股权投资最活跃的地区之一。股权投资直接服务于实体经济,是拓宽企业直接融资渠道、规范企业运营、促进企业快速健康发展的有效手段,在经济社会发展和产业结构调整中发挥着越来越重要的作用。如果能有一个反映私募股权投资行业及其市场运行变化趋势的指数,对于业内各参与主体及监管机构提前做出科学规划大有裨益。

基于这样的背景和初衷,在北京市金融工作局的指导和支持下,北京市金融发展促进中心、中国股权投资基金协会、北京股权投资基金协会、北京大学金融与产业发展研究中心以及清科研究中心共同编制了北京地区私募股权投资行业发展指数(以下简称"北京PE指数")。作为国内首个反映私募股权投资行业发展状况的指数,北京PE指数在编制过程中得到了多家行业内有影响力的PE和VC投资机构的支持。

2013年第三季度、第四季度北京PE指数的编制和发布在业内外引起强烈关注,根据前期指数编制发布过程中的市场反馈和指数专家委员会的建议,指数编制和发布频率调整为每半年一次。指数编制和发布频率由季度调整为半年度并未改变历史指数的整体走势。调整后的北京PE指数以2013年上半年为基期,基期值标准化为

100。同时,为了比较私募股权投资行业 2006 年以来的历史发展情况,编制组基于年度数据的半年度平均,对 2006—2012 年的历史数据进行了模拟。总体来看,北京地区私募股权投资行业在 2014 年呈现如下特点。

## 1 行业持续回暖,迎来发展小高潮

图 1 显示,2006—2012 年,行业发展总体上呈增长态势。其中,2007—2008 年、2010—2011 年指数有较大幅度的增长,2011 年达到了近几年的顶峰,较好地模拟了过去几年的发展态势:股权投资行业在 2006 年、2007 年刚刚起步,规模较小,当时市场上活跃的主要是外资 PE 管理机构;2008—2009 年,在资本推动下,企业快速扩张、海外上市等事件不断上演,这个时期的股权投资募资、投资规模不断增加,股权投资逐渐成为企业融资的另一种选择;2010—2011 年,国内创业板启动后大量股权投资获得高额回报,一度引发全民 PE 投资热潮,行业发展达到一个顶峰;2012 年至 2013 年第一季度,行业受国内外经济环境变化、国内 IPO 停滞等因素影响,发展迅速跌入低谷。

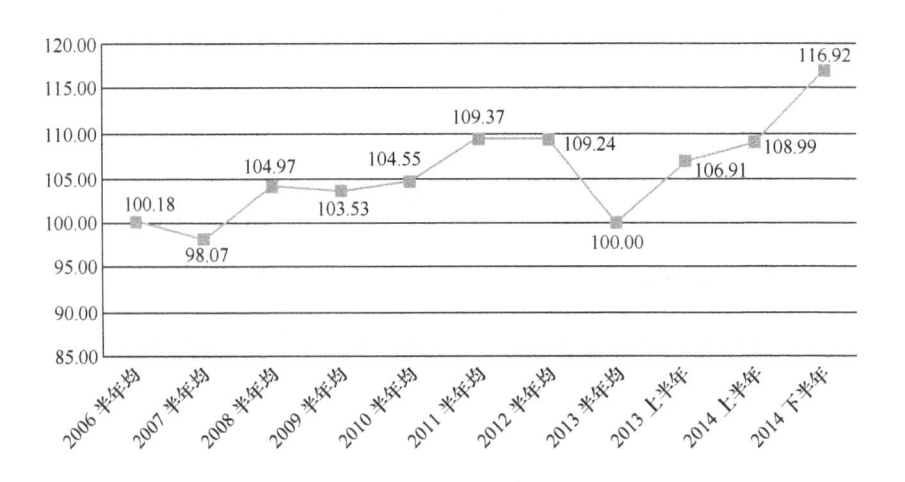

图 1 2006—2014 年北京地区私募股权投资行业发展指数变化

2013年下半年开始,行业持续回暖,并在2014年下半年迎来行业发展的一个小高潮。2014年上半年指数为108.99,2014年下半年指数为116.92,超过2011年半年均的历史性高点。2014年下半年行业发展的高潮主要表现在行业投资、退出方面数据的向好,尤其是退出指标屡创新高(参见图2);行业信心也有大幅提升,使得2014年下半年指数再创新高。

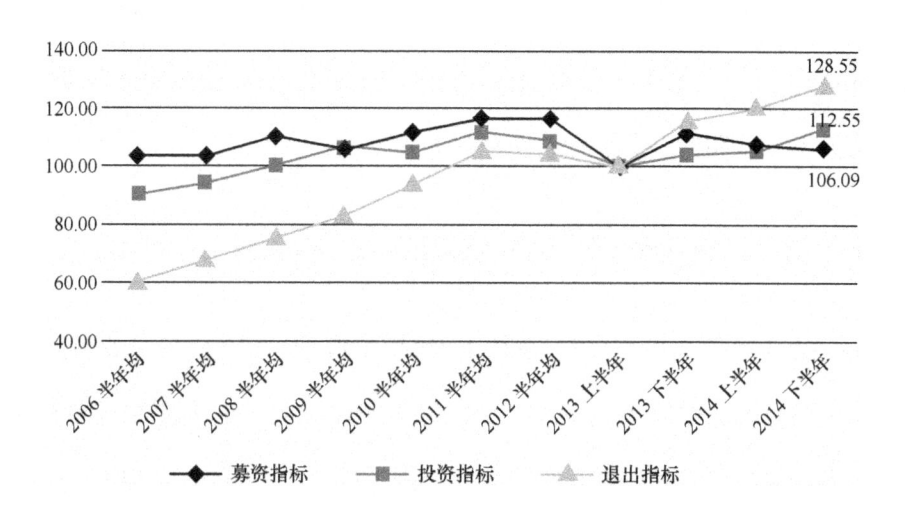

图2 2006—2014年北京地区私募股权投资行业募资、投资和退出指数走势

## 2 募资表现平稳,投资和退出创新高

在2006—2014年整个时间区间内,行业的募资指标与行业发展指数走势基本一致。投资指标波动较募资指标小;而退出指标显示行业退出规模在2012年IPO停滞之前,一直呈稳定增长的趋势,表明此前股权投资行业面临的退出环境是不断改善的,这与我国资本市场逐步完善紧密相关。2013年上半年,募资、投资、退出指标都跌到阶段低点,但是2013年下半年各项指标均有不同程度的反弹,特别是投资指标和退出指标,在2014年反弹趋势得以持续,并且在2014年下半年均达到了分项指标的历史性高点。

投资指标的持续改善,反映了当前行业正处于一个良性发展的环境中,外部经济环境和政策环境的改善为股权投资提供了前所未有的发展机遇。而国内 IPO 的重启,和中概股赴美 IPO 窗口的打开,也使得退出环境改善,退出指标大幅上升。经历过国内 IPO 渠道不畅的股权投资机构逐渐采取多元化退出策略,并购渠道日趋成熟,多方面的因素使得行业退出环境得到了进一步改善,退出指标创历史新高。相较投资和退出而言,募资活动有一定的周期性,募资指标也相对具有滞后性。从 2014 年募资指标走势来看,募资水平基本与前期持平,略有下降;相信投资和退出环境的明显改善将使得下一期的募资指标有明显提升(图 2)。

## 3 2014 年下半年利好政策频出台,行业信心大幅提升

2014 年上半年信心指数表明,总体上看,样本机构对未来"自身业务发展"、"投资项目多少"以及所投资"企业运营情况"的预期较上半年的现实状况更乐观;而对募资难易及未来投资时间的估计较为保守。图 3 显示,"募资难易"以及"合意投资时间"两项指标低于平衡位置;"行业总体评价"指标与平衡位置持平,表明大部分机构

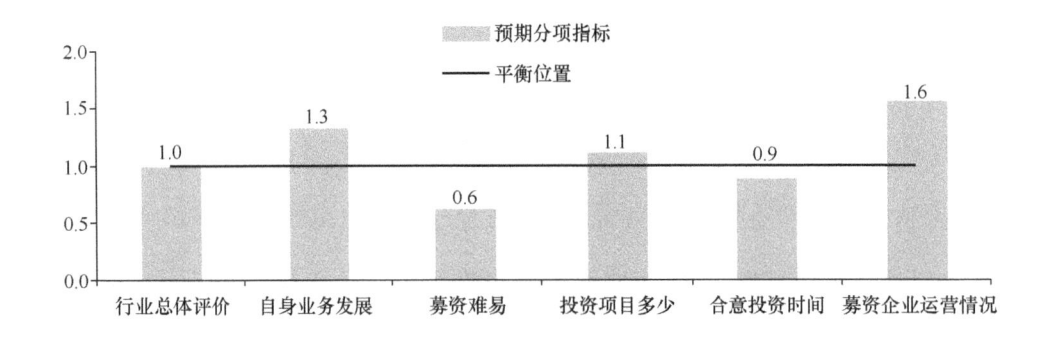

**图 3 2014 年上半年预期分项指标与平衡位置关系**

说明:平衡位置是表明样本机构预期 2014 年下半年发展状况与上半年持平的位置,高于此位置表明预期更乐观,反之较悲观。

对未来行业发展整体持中立态度;而"投资项目多少"和"自身业务发展"两项指标均高于平衡位置,表明样本机构对于未来自身投资业务的发展仍然具有充分的信心。

2014年下半年信心指数由上半年的110.42大幅上升到122.50,行业总体预期乐观。虽然"募资难易"一项显示机构对募资仍然心存疑虑,但是机构对行业整体评价及未来投资时点和投资项目的多少均显示了充足的信心。十八届三中全会明确提出:要多渠道推动股权融资,提高直接融资比重;改善科技型中小企业融资条件,完善风险投资机制。在过去的2014年中,全面深化改革,资本市场的双向开放,以及外资准入、对外投资的放宽等一系列政策措施,为股权投资行业的发展提供了难得的机遇,极大地提升了行业发展信心。同时,证监会重启IPO,发行制度改革,以及国务院、证监会给予新三板政策支持,也给私募股权投资行业带来了蓬勃生机(图4)。

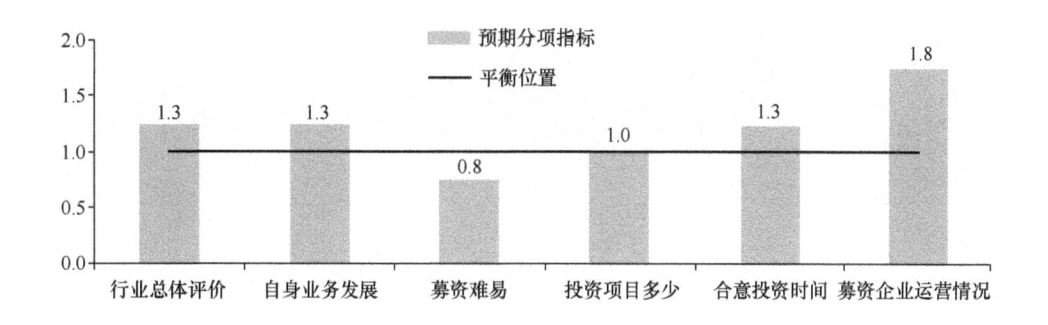

**图4 2014年下半年预期分项指标与平衡位置关系**

说明:平衡位置是表明样本机构预期2015年上半年发展状况与2014年下半年持平的位置,高于此位置表明预期更乐观,反之较悲观。

综上所述,从2014年指数发布情况来看,2014年下半年北京地区私募股权投资行业发展延续了2013年下半年以来的回暖趋势,迎来发展的一个小高潮,特别是投资指标和退出指标显示行业投资和退出均处于历史性的高点。业内机构对于未来半年行业整体运营、投资预期以及企业发展均有较大的信心。自2014年下半年以来,国家陆续出台了多项鼓励股权投资的政策,极大地提振了行业信心,为行业营造了良好的发展环境。相信在全面深化改革总目标的指引下,股权投资行业作为多层次资本市场建设的重要一环,将发挥更加重要的作用。

# 第 二 部 分

## 2014年度北京地区PE/VC报告

# 1 中国股权投资市场现状分析

## 1.1 管理资本量分析

据清科集团旗下私募通统计,2014年中国股权投资市场共管理可投资于中国内地资本存量1 902.42亿美元,较2013年增加115.11亿美元,增幅为6.4%。其中创投机构共管理可投资于中国内地资本存量529.78亿美元,较2013年增加21.39亿美元;PE机构共管理可投资于中国内地资本量1 372.64亿美元,较2013年增加93.72亿美元。

据清科集团旗下私募通统计(见图1和表1),2007—2014年,中国股权投资市

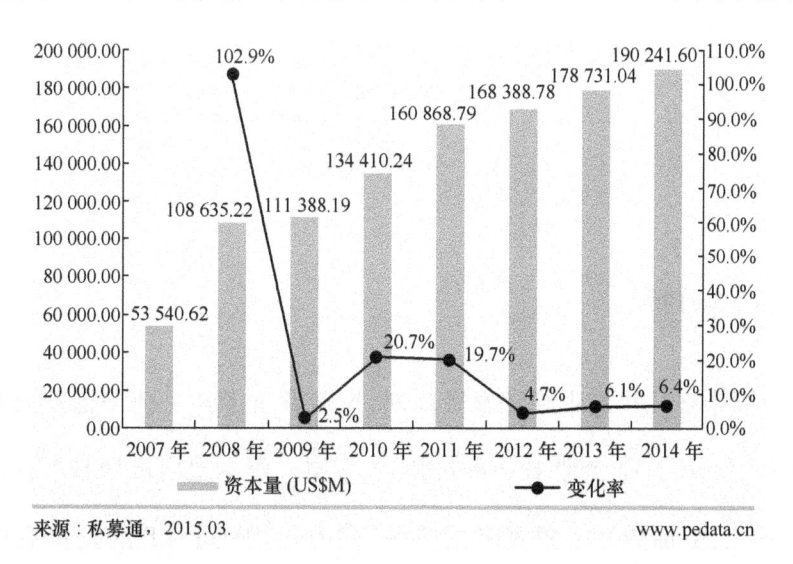

**图1　2007—2014年中国股权投资市场管理资本量情况比较**

场可投资于中国大陆的资本总量逐年增长,年均复合增长率达19.9%,2014年可投资于中国大陆的资本总量是2007年的3.55倍。其中2008年是可投资本量增长比较明显的一年,增长率为102.9%。自2011年下半年以来,中国股权投资市场募资市场整体遇冷,LP投资谨慎,2012年和2013年募资增幅不大。2014年中国股权市场基金募资情况出现好转,尤其表现在募集规模上面,管理资本量较上年增长6.4%。

表1 2007—2014年可投资于中国大陆的资本总量及其变化率比较

| 年　度 | 资本量(US $ M) | 变化率 |
| --- | --- | --- |
| 2007年 | 53 540.62 | — |
| 2008年 | 108 635.22 | 102.9% |
| 2009年 | 111 388.19 | 2.5% |
| 2010年 | 134 410.24 | 20.7% |
| 2011年 | 160 868.79 | 19.7% |
| 2012年 | 168 388.78 | 4.7% |
| 2013年 | 178 731.04 | 6.1% |
| 2014年 | 190 241.60 | 6.4% |

来源:私募通,2015.03.　　　　　　　　　　　　　　　　　　　　www.pedata.cn

## 1.2　募资情况分析

基于中国未来几年宏观经济发展规划,投资者对未来经济平稳发展充满期待,募资规模大幅增长。而A股IPO重新开闸,多层次资本退出市场基本稳定,项目退出渠道多元化,更加激发了投资者的热情,同时也增强了LP的投资意向。此外,国务院坚决实行简政放权改革,鼓励创新创业;新国九条发布;众筹火爆中国,正式进入规范化监管;互联网领域大热,企业赴美上市潮等因素无一不增强投资者信心,因此,2014年中国股权投资市场基金募集在数量及规模上均出现显著的增长。

2014年,中国股权投资市场募资情况出现好转,特别是在募资规模方面表现尤为突出。据清科集团旗下私募通统计,2014年VC/PE机构共新募集745支可投资于中国大陆的基金,同比上升35.9%;已知募资规模的715支基金新增可投资于中国大陆的资本量为832.19亿美元,较上年的414.25亿美元大幅增长100.9%,这是继2011年以后基金募资规模方面首次出现的正增长;全年已披露金额的基金平均募集规模为1.16亿美元,同比增长49.5%。详见表2和图2。

表2 2006—2014年中国股权投资市场募资情况分析

| 年度 | 新募基金数(总) | 变化率 | 新募基金数(金) | 新增资本量(US $ M) | 变化率 | 平均新增资本量(按增资机构)(US $ M) |
|---|---|---|---|---|---|---|
| 2006年 | 79 | — | 79 | 18 169.39 | — | 229.99 |
| 2007年 | 122 | 54.4% | 122 | 41 068.64 | 126.0% | 336.63 |
| 2008年 | 167 | 36.9% | 167 | 68 463.69 | 66.7% | 409.96 |
| 2009年 | 124 | -25.7% | 124 | 18 813.53 | -72.5% | 151.72 |
| 2010年 | 240 | 93.5% | 232 | 38 789.83 | 106.2% | 167.20 |
| 2011年 | 617 | 157.1% | 600 | 67 059.51 | 72.9% | 111.77 |
| 2012年 | 621 | 0.6% | 606 | 34 624.21 | -48.4% | 57.14 |
| 2013年 | 548 | -11.8% | 532 | 41 424.99 | 19.6% | 77.87 |
| 2014年 | 745 | 35.9% | 715 | 83 218.97 | 100.9% | 116.39 |

来源:私募通,2015.03

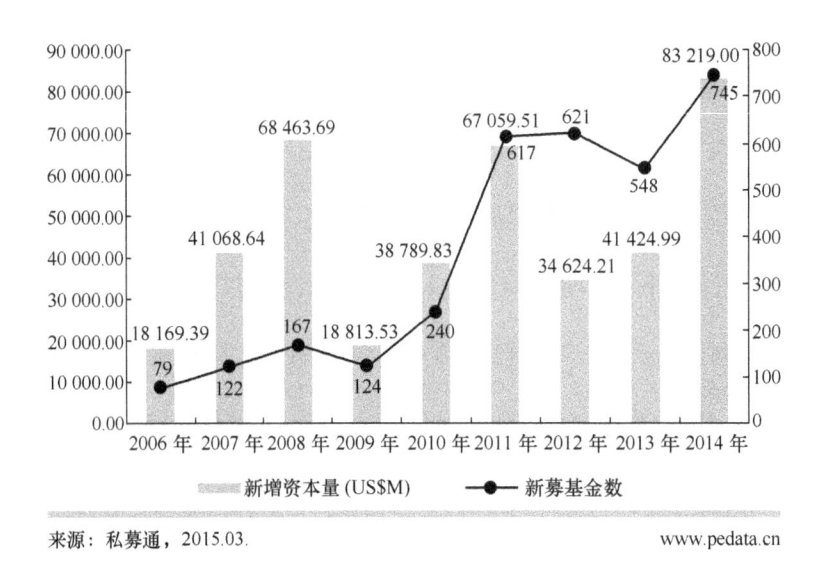

图 2　2006—2014 年中国股权投资市场募资情况分析

## 1.3　投资情况分析

据清科集团旗下私募通统计,2014 年中国股权投资市场共计完成 3 626 起投资案例,较去年同期增长 100.6%;投资交易共涉及金额 711.66 亿美元,较上年同期的 310.84 亿美元激增 129.0%,双项数据均创历史新高。新一轮国企混改,境内外并购市场的火爆,上市公司资本运作的活跃,及生物医疗、移动互联网等新兴领域投资热潮的到来等,成为推动 2014 年投资市场火爆的主要原因。

整体来看,在创新创业的大背景下,中外创投机构和私募股权投资机构已经进入投资"狂热期",且投资阶段愈发前移。从 2006 年至 2014 年,中国股权投资市场整体攀升,投资案例数与投资金额年复合增长率分别为 28.1% 和 21.7%。而从季度数据来看,二三季度依然为主要的投资高峰期,四季度的投资活跃度相对最低。见表 3 和图 3。

表3　2006—2014年中国股权投资市场投资情况分析

| 年度 | 投资金额(US $ M) | 变化率 | 案例数(总) | 变化率 |
| --- | --- | --- | --- | --- |
| 2006年 | 14 750.90 | — | 501 | — |
| 2007年 | 16 064.93 | 8.9% | 617 | 23.2% |
| 2008年 | 13 816.24 | −14.0% | 762 | 23.5% |
| 2009年 | 11 352.50 | −17.8% | 594 | −22.0% |
| 2010年 | 15 767.83 | 38.9% | 1 180 | 98.7% |
| 2011年 | 40 600.73 | 157.5% | 2 200 | 86.4% |
| 2012年 | 27 104.08 | −33.2% | 1 751 | −20.4% |
| 2013年 | 31 083.61 | 14.7% | 1 808 | 3.3% |
| 2014年 | 71 166.44 | 129.0% | 3 626 | 100.6% |

来源:私募通,2015.03.　　　　　　　　　　　　　　　　　　www.pedata.cn

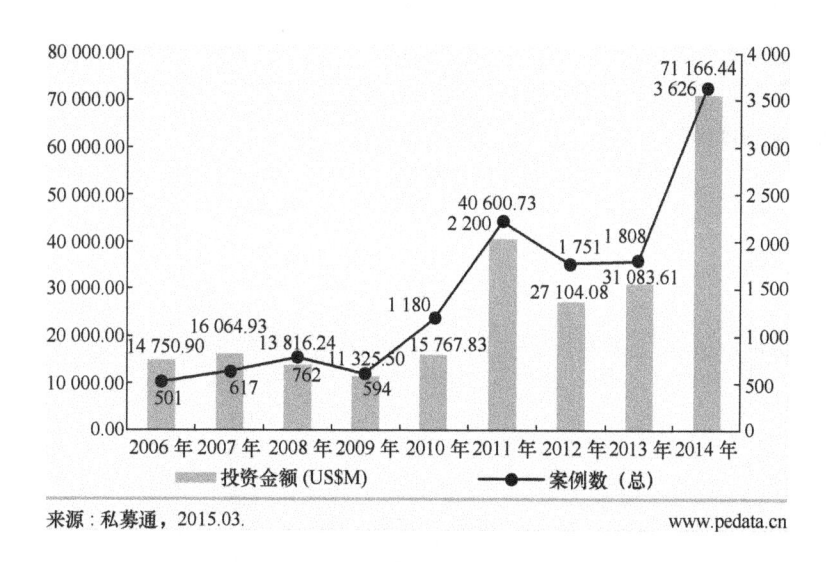

图3　2006—2014年中国股权投资市场投资情况分析

## 1.4　退出情况分析

2014年,中国股权投资市场共发生退出案例830笔,达到历史最高水平,较2013

年大涨81.2%(见表4和图4)。从季度分布来看(见表5),第二季度的退出笔数最多,达到217起,创季度数据历史新高。整体来看,2014年四个季度的退出案例数量较往年均保持较高水平。

表4  2006—2014年中国股权投资市场退出情况比较

| 年度 | 退出交易笔数 | 变化率 |
| --- | --- | --- |
| 2006年 | 154 | — |
| 2007年 | 236 | 53.2% |
| 2008年 | 159 | -32.6% |
| 2009年 | 203 | 27.7% |
| 2010年 | 555 | 173.4% |
| 2011年 | 606 | 9.2% |
| 2012年 | 423 | -30.2% |
| 2013年 | 458 | 8.3% |
| 2014年 | 830 | 81.2% |

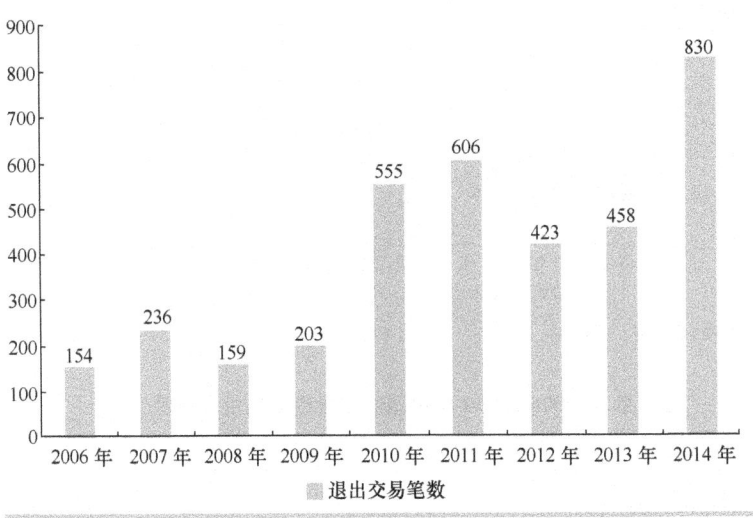

来源:私募通,2015.03.　　　　　　　　　　　　　　　www.pedata.cn

图4  2006—2014年中国股权投资市场退出情况比较

表5 2014年各季度中国股权投资市场退出情况比较

| 季度 | 退出交易笔数 | 比例 |
| --- | --- | --- |
| Q1′14 | 207 | 24.9% |
| Q2′14 | 217 | 26.1% |
| Q3′14 | 194 | 23.4% |
| Q4′14 | 212 | 25.6% |
| 合计 | 830 | 100.00% |

来源：私募通,2015.03.  www.pedata.cn

从退出方式上来看（见表6），2014年共发生337笔IPO退出，占比40.60%，为近3年新高。2014年境内IPO开闸,打破了2013年A股市场的沉寂,给投资者带来了一丝暖意。IPO退出依然是VC/PE主要的退出渠道,因此IPO开闸刺激了VC/PE机构的投资热情。另外,无论是个人财富的积累还是机构资本的积累,都加速了资本的流动,促进投资方式向多元化和多样性发展。国家鼓励创业、新兴行业兴起、传统行业转型与互联网行业接轨是最明显的特征。2014年股权投资市场的退出交易较2013年近乎翻番,为我国创业投资市场进一步走向成熟起到了促进作用。

表6 2014年中国股权投资市场退出方式分布

| 退出方式 | 退出交易笔数 | 比例 |
| --- | --- | --- |
| IPO | 337 | 40.60% |
| 并购 | 179 | 21.57% |
| 股权转让 | 146 | 17.59% |
| 管理层收购 | 62 | 7.47% |
| 借壳 | 28 | 3.37% |

续表

| 退出方式 | 退出交易笔数 | 比例 |
|---|---|---|
| 回购 | 22 | 2.65% |
| 其他 | 44 | 5.30% |
| 未披露 | 12 | 1.45% |
| 合计 | 830 | 100.00% |

来源:私募通,2015.03.　　　　　　　　　　　　　　　　www.pedata.cn

# 2 2014年北京地区股权投资市场发展概况

根据《2015 年北京市政府工作报告》,2014 年首都较 2013 年取得了更进一步的发展,实现了经济社会持续稳步发展的目标。据统计,全市地区生产总值较上年增长 7.3%,一般公共预算收入增长 10%,城乡居民人均收入分别实际增长 7.2% 和 8.6%,城镇登记失业率较往年有所下降,同比减少 1.31%,居民消费价格上涨 1.6%。

2014 年,政府着力于激发市场活力,深化改革发展,在某些重点领域实现了新的突破;在深化行政审批制度改革方面,取消和下放了 70 项审批事项,公布市级投资项目审批事项清单,总结、推广优化审批流程试点经验,实施"先照后证""三证合一"政策;出台政府向社会力量购买服务的实施意见;落实"营改增"扩围,总减税 376.6 亿元;制定实施全面深化市属国企改革的意见,启动国企分类监管、分类考核和董事会规范建设试点,国有企业重组改制步伐加快,北汽股份等 3 家企业上市,市属企业利润增长 14.4%;推进公共设施建设市场化,市政基础设施试点引入的社会资本来源落实七成。

北京市立足于全国股权投资最核心的地带,时刻关注全市科技创新、产业结构优化动态,以期深入推进结构调整和功能疏解,提质增效升级。2014 年北京市制定了加快全国科技创新中心建设的意见,发布促进科技成果转化和协同创新的系列政策。中关村示范区先行先试深入推进,示范区企业总收入 3.57 万亿元,增长 17.2%,全市技术合同成交额增长 10%,发明专利授权量超过 2 万件,位居全国首位。同时,积极促进产业结构优化升级,战略性新兴产业对规模以上工业增长的贡献率、高端服务业对地区生产总值增长的贡献率均达到六成左右。制定实施调结构转方式、发展高效节水农业的意见,都市型现代农业发展向好。成功举办第三届京交会,服务贸易进出口总额增长15.4%,实际利用外资90.4亿美元,增长6.1%。接待旅游人数2.6亿人次,旅游收入增长8%。顺利完成第三次经济普查。世界知识产权组织中国办事处、亚洲基础设施投资银行落户北京。

在北京市"十二五"时期金融业发展规划中,明确提出了提升股权投资发展体系的引领带动功能,之后北京市2014年天使投资实现了爆发式的增长,创业投资和股权投资也实现了突破,全面超越2013年。

## 2.1 2014年北京地区股权投资市场规模概览

北京市仍是国内股权投资管理机构最多且投资最活跃的城市。截至2014年底,北京市股权投资管理机构数量增至957家,较年初增加105家,股权投资管理机构数量持续增长,增速较2013年有明显提升。2014年底,北京市股权投资机构管理资本总量共计12 646.89亿元人民币,较2013年底管理资本总额11 057.836亿元人民币增幅约为14.4%。除北京市外,上海市股权投资管理机构数量达到801家,管理资本量为7 311.04亿元;深圳市股权投资机构数量488家,管理资本量为2 688.87亿元;天津市股权投资机构数量为267家,管理资本量763.94亿元;苏州市股权投资机构数量为212家,管理资本量476.18亿元。具体情况如表7所示。

表7 2014年北京、上海、深圳、天津、苏州股权投资管理机构资本存量比较

| 机构地域 | 管理机构数量 | 管理资本量(人民币/亿元) |
| --- | --- | --- |
| 北京 | 957 | 1 2646.89 |
| 上海 | 801 | 7 311.04 |
| 深圳 | 488 | 2 688.87 |

续表

| 机构地域 | 管理机构数量 | 管理资本量(人民币/亿元) |
|---|---|---|
| 天津 | 267 | 763.94 |
| 苏州 | 212 | 476.18 |

来源:私募通,2015.03.　　　　　　　　　　　　　　　　　www.pedata.com

## 2.2　2014年北京地区股权投资基金募集情况

(1)2014年股权市场活跃,募资总量呈井喷式增长。募资方面(见表8),2014年,北京地区股权投资市场新募基金219支,其中已完成募集基金数214支,同比增长25.9%。募集金额2 086.84亿元人民币,同比增长338.7%,位居全国首位。2014年8月底成立的国开金融的集成电路产业投资基金募集目标为1 200亿元人民币,首期到位780亿元人民币,成为本年度全国范围内最大的一支基金。

(2)人民币基金募集占据主导地位。2014年,北京地区创业投资和股权投资管理机构共新募集完成人民币基金214支,募集规模2 086.84亿元人民币。外币基金新募集21支,募集规模共计332.64亿元人民币。外币新募集基金数占募集总基金数的9.9%,同比增长约3.8%;募集金额占募集总金额的15.94%,同比下降约28.6%。境外投资者较2013年略显活跃,但单笔募集规模减小,总体来说仍较保守,持观望态度。

表8　2010—2014年北京地区股权投资募资总量同比比较

| 年份 | 新募基金数 | 增长率 | 募资总额(亿元人民币) | 增长率 |
|---|---|---|---|---|
| 2010 | 29 | — | 444.59 | — |
| 2011 | 221 | 662.1% | 1 722.85 | 287.5% |
| 2012 | 204 | -7.7% | 943.81 | -45.2% |
| 2013 | 170 | -16.7% | 475.45 | -49.6% |
| 2014 | 214 | 25.9% | 2 086.84 | 338.7% |

来源:私募通,2015.03.　　　　　　　　　　　　　　　　　www.pedata.com

## 2.3 2014年北京地区投资情况分析

(1)2014年北京地区股权投资总额居全国首位。北京地区在2014年共发生创业投资和私募股权投资871起,投资金额共计1 729.65亿元,较2013年同比分别上升72.82%和183.06%。其中,北京地区共发生VC投资案例629起,涉及投资金额413.48亿元;共发生PE投资案例242起,披露的投资金额高达1 316.16亿元。从全国范围来看,2014年北京地区投资案例数位居全国首位,占比45.44%;投资金额占比为40.02%,较2013年的32.2%有所上升。

(2)互联网及移动互联网投资活跃(见表10)。2014年北京地区创投及股权投资主要集中于互联网行业,共发生296起互联网行业投资案例,投资金额249.44亿元人民币(约合40.77亿美元)。其次是电信及增值业务行业,共发生163起投资,涉及金额300.46亿元人民币(约合49.1亿美元)。居第三位的IT行业发生105起投资,金额达64.49亿元人民币(约合10.54亿美元)。

表9 北京市投资总量的同比比较(2010—2014年)

| 时间 | 总案例数(起) | 变化率 | 总投资金额(亿元人民币) | 变化率 |
| --- | --- | --- | --- | --- |
| 2010年 | 259 | — | 248.30 | — |
| 2011年 | 473 | 82.63% | 690.06 | 177.92% |
| 2012年 | 360 | -23.89% | 311.39 | -54.87% |
| 2013年 | 504 | 40.00% | 611.06 | 96.24% |
| 2014 | 871 | 72.82% | 1 729.65 | 183.06% |

来源:私募通,2015.03   www.pedata.cn

表10　2014年北京地区VC/PE投资情况

| 行　业 | 投资案例数(起) | 投资金额(亿元人民币) | 投资金额(US＄M) |
|---|---|---|---|
| 互联网 | 296 | 249.44 | 4 076.51 |
| 电信及增值业务 | 163 | 300.46 | 4 910.23 |
| IT | 105 | 64.49 | 1 053.94 |
| 金融 | 68 | 232.86 | 3 805.52 |
| 生物技术/医疗健康 | 55 | 47.93 | 783.37 |
| 娱乐传媒 | 40 | 62.71 | 1 024.80 |
| 清洁技术 | 24 | 16.38 | 267.76 |
| 电子及光电设备 | 18 | 112.47 | 1 838.01 |
| 教育与培训 | 16 | 5.54 | 90.49 |
| 食品＆饮料 | 9 | 32.23 | 526.67 |
| 物流 | 9 | 3.45 | 56.38 |
| 能源及矿产 | 8 | 447.24 | 7 309.02 |
| 机械制造 | 7 | 10.63 | 173.65 |
| 农/林/牧/渔 | 7 | 20.39 | 333.16 |
| 建筑/工程 | 6 | 7.86 | 128.39 |
| 连锁及零售 | 6 | 18.92 | 309.27 |
| 房地产 | 5 | 64.68 | 1 057.11 |
| 化工原料及加工 | 5 | 1.30 | 21.24 |
| 半导体 | 3 | 0.94 | 15.41 |
| 纺织及服装 | 2 | 0.08 | 1.37 |
| 广播电视及数字电视 | 2 | 未披露 | 未披露 |
| 汽车 | 2 | 6.19 | 101.22 |
| 其他 | 14 | 8.50 | 138.98 |
| 未披露 | 1 | 14.95 | 244.25 |
| 总计 | 871 | 1 729.65 | 28 266.75 |

来源:私募通,2015.03.　　　　　　　　　　　　　　　　　　　　www.pedata.cn

北京地区股权投资仍然主要集中在战略性新兴产业、文化创意产业、都市现代农业等领域,2014年北京地区的股权投资对"十二五"规划的实施和产业结构调整起到了积极的推动作用。具体而言,2014年,北京地区战略性新兴产业领域有664家企业获得股权投资基金支持,占本市投资案例总数的76.2%;投资金额697.90亿元人民币,占本市股权投资总金额的40.3%。从全国范围来看,北京地区战略性新兴产业股权投资案例数在全国占比为35.0%,金额占比为45.1%。此外,2014年度北京地区有40家文化创意企业获得了股权投资基金的支持,投资总额62.71亿元人民币,投资案例数和金额分别占全国的35.1%和69.4%,遥遥领先于其他省市。在都市农业发展领域,2014年北京市共有7家农业领域企业获得股权投资,投资总额20.39亿元人民币,案例数在农业领域股权投资案例数占比为15.2%,位居第一;金额占比达17.1%,在各地区中排名第一。

(3)北京地区股权投资行业本土机构依然扮演主要角色。2014年北京市创业投资和股权投资案例中有393起本土机构投资(创业投资241起,股权投资152起),披露投资总额73.33亿美元(创业投资占19.28亿美元,股权投资占54.04亿美元),占2014年北京市投资总量比例分别为45.12%和25.94%。其次是外资机构,共投资323起(创业投资259起,股权投资64起),投资总额79.03亿美元(创业投资32.46亿美元,股权投资46.57亿美元),占比分别为37.08%和27.96%。此外,有45起投资为中外机构联合投资,8起投资为合资机构投资,其余未披露。

(4)天使投资"元年"各项特征与创业投资相似。2014年被誉为是中国天使投资"元年",全国各地天使投资异常火热,较2013年实现了井喷式增长。根据公开披露的信息统计,2014年北京地区共披露天使投资机构以及天使投资人投资案例1 463起,总投资金额59.57亿元,较上年增长490.3%,平均单笔投资金额为407.2万元。

其中北京市最多,为691起,占到总体的47.2%。投资金额方面,北京地区披露的天使投资总额为30.1亿元人民币,占全国披露的总投资金额的50%。在投资行业分布方面,天使投资依旧热衷于属于轻资产的TMT项目和高新技术产业项目,其中互联网、电信及增值、移动互联网行业最受天使投资人追捧,2014年的投资案例数量分别为261起、189起和128起,投资金额分别为9.5亿元、9.3亿元和4.9亿元。此外,金融服务、电子商务、消费生活、医疗健康、教育培训、IT服务等细分领域也受到了天使投资人的关注。

2014年已披露北京地区获得天使投资企业共计316家(见图5),占比41.25%,同比减少0.75%;涉及金额2.68亿美金,占比50.91%,同比减少20.49%(见图6)。清科研究中心认为北京地区企业或投资占绝对优势的原因有三点:第一,在北京地区

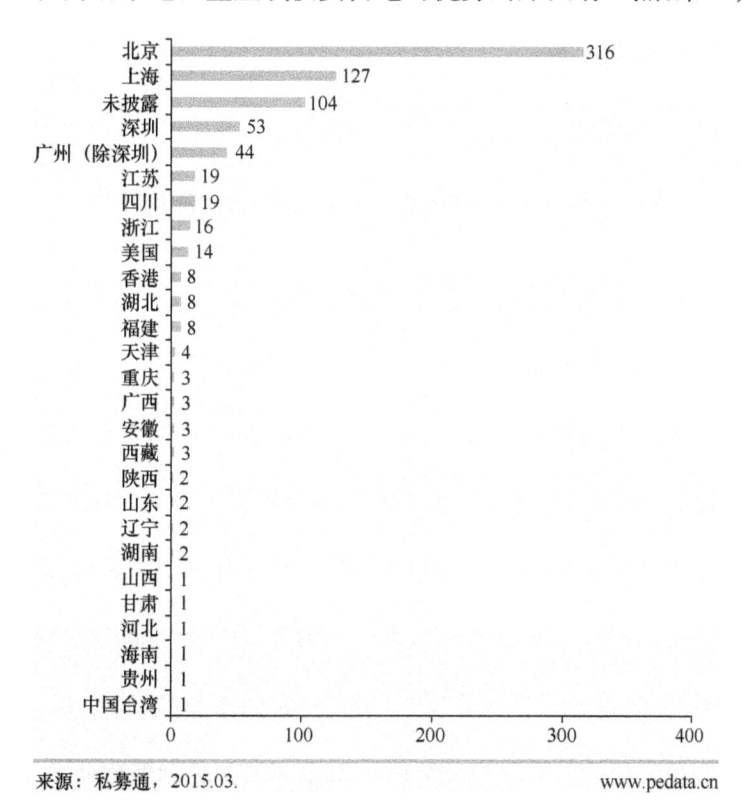

| 地区 | 数量 |
| --- | --- |
| 北京 | 316 |
| 上海 | 127 |
| 未披露 | 104 |
| 深圳 | 53 |
| 广州(除深圳) | 44 |
| 江苏 | 19 |
| 四川 | 19 |
| 浙江 | 16 |
| 美国 | 14 |
| 香港 | 8 |
| 湖北 | 8 |
| 福建 | 8 |
| 天津 | 4 |
| 重庆 | 3 |
| 广西 | 3 |
| 安徽 | 3 |
| 西藏 | 3 |
| 陕西 | 2 |
| 山东 | 2 |
| 辽宁 | 2 |
| 湖南 | 2 |
| 山西 | 1 |
| 甘肃 | 1 |
| 河北 | 1 |
| 海南 | 1 |
| 贵州 | 1 |
| 中国台湾 | 1 |

来源:私募通,2015.03. www.pedata.cn

图5 2014年获得天使投资企业地域分布(按获投案例数,起)

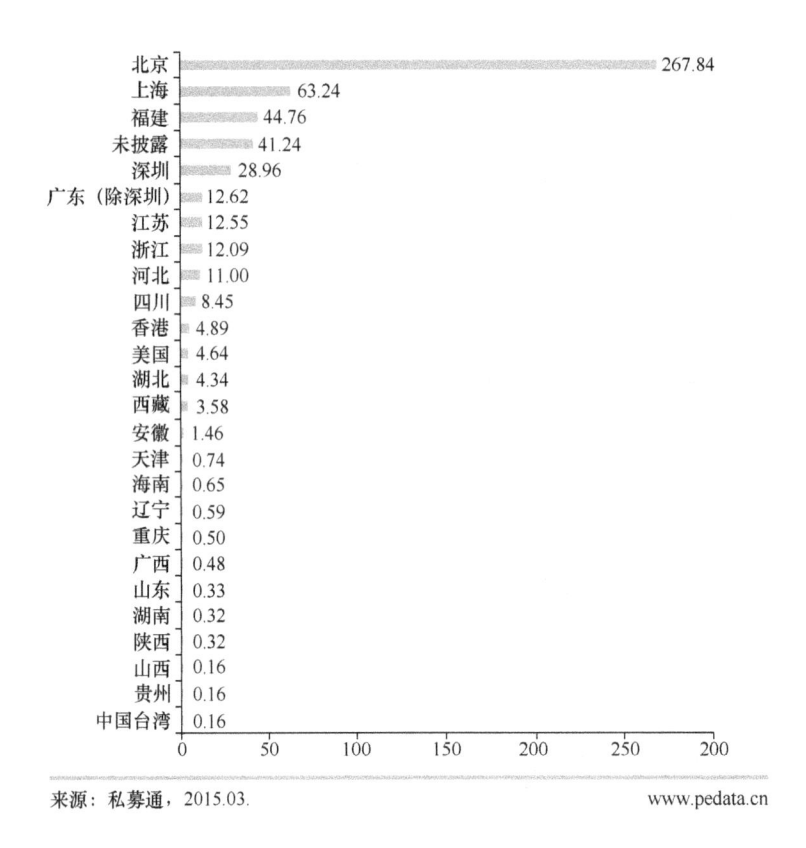

| 北京 | 267.84 |
| 上海 | 63.24 |
| 福建 | 44.76 |
| 未披露 | 41.24 |
| 深圳 | 28.96 |
| 广东（除深圳） | 12.62 |
| 江苏 | 12.55 |
| 浙江 | 12.09 |
| 河北 | 11.00 |
| 四川 | 8.45 |
| 香港 | 4.89 |
| 美国 | 4.64 |
| 湖北 | 4.34 |
| 西藏 | 3.58 |
| 安徽 | 1.46 |
| 天津 | 0.74 |
| 海南 | 0.65 |
| 辽宁 | 0.59 |
| 重庆 | 0.50 |
| 广西 | 0.48 |
| 山东 | 0.33 |
| 湖南 | 0.32 |
| 陕西 | 0.32 |
| 山西 | 0.16 |
| 贵州 | 0.16 |
| 中国台湾 | 0.16 |

来源：私募通，2015.03.    www.pedata.cn

**图6　2014年获得天使投资企业地域分布（按金额 US＄M）**

设立的天使投资机构在数量上相比其他地区有绝对优势,总部设立于其他地区的天使投资机构中有一大部分在北京也设有分部门,从地理位置上来讲,北京的创业企业在投资机构高度密集的地区有地域性的优势。第二,北京地区的大型企业数量优于其他地区,如百度,网易,360等培育了大批的创业者自立门户,在企业数量上增速高于其他地区。北京市工商局统计数据显示,截至2014年12月25日,北京市企业户数已突破百万,达1 000 056户,同比增长20％。2015年以来北京市新设企业17.67万户,同比增长56％,远高于以往几年平均10％左右的增速,平均每160秒诞生1户企业。这一增长归功于深化经济改革政策以及国家多部鼓励创新创业政策的出台,同时刺激投资者加大了注册资本认缴数额。北京市新设公司户均注册资本641.73万元,同比增长29%,高于2014年北京市获天使投资企业平均获得金额441.81万元。与2013年相比,被投企业平均获投金额下降了802.74万元,同比减少64.5%。第三,北京地区拥有多个天使投资网络众筹平台,如天使汇等,以及国家资助创新示范区、国家科技金融创新中心中关村,为创业者提供了优质的创业服务以及天使投资氛围。

## 2.4 2014年北京地区股权投资机构退出情况分析

退出方面,2014年北京地区成功融资企业共创造了167笔[①]股权投资退出交易。在退出方式上,北京地区股权投资机构通过IPO退出107笔,并购退出23笔,股权转让退出16笔,借壳退出9笔,管理层收购退出6笔,其余退出方式均在5笔以下,详见图7。在退出回报方面,披露投资回报倍数案例的平均账面投资回报为11.71倍。

来源:私募通,2015.03.    www.pedata.cn

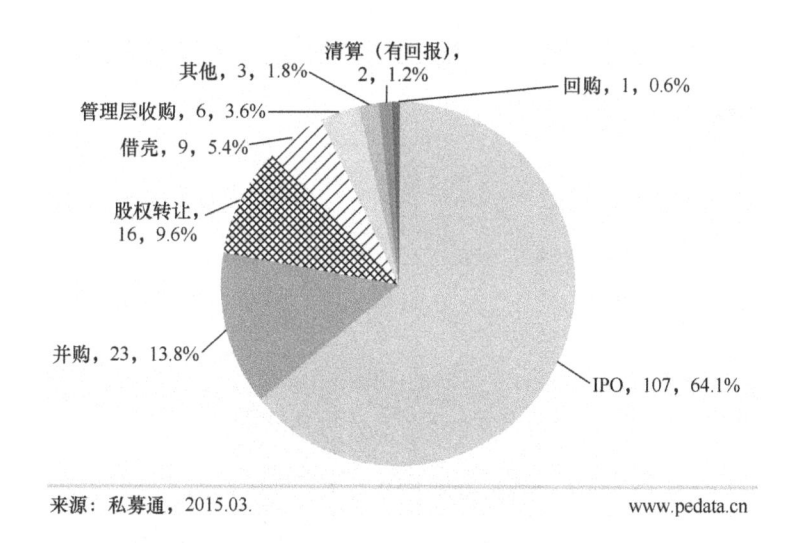

**图7　2014年北京地区股权投资机构退出方式分布**

2014年北京地区企业在境内、境外上市数量均衡。2014年,北京地区共有43家企业上市,其中包括36家VC/PE支持的企业,共涉及VC/PE退出案例数124笔。由

---

① 1笔退出交易指1支基金从1家被投企业退出,如N支基金从1家企业退出,则记为N笔。

于 2014 年境内 IPO 重启，上市退出由 2013 年集中于境外资本市场演化至 2014 年境内外平衡。35 家 VC/PE 支持的上市公司中，10 家于深圳创业板上市，3 家于上海证券交易所上海主板上市，4 家于深圳中小板上市，8 家于香港主板上市，1 家于香港创业板上市，3 家于纽约证券交易所上市，另有 7 家于 NASDAQ 上市。京东商城、聚美优品、蓝港互动、神州租车、陌陌等企业的上市倍受市场瞩目。北京地区企业上市数量和股权投资通过首次公开募集（IPO）退出交易依然居全国首位。具体数据见表 11 和图 8。

表 11 北京市 IPO 总量的同比比较（2011—2014 年）

| 时间 | IPO 企业数（家） | VC/PE 支持 IPO 企业数（家） | IPO 退出案例数（笔） |
| --- | --- | --- | --- |
| 2011 年 | 39 | 19 | 85 |
| 2012 年 | 28 | 18 | 48 |
| 2013 年 | 12 | 9 | 29 |
| 2014 年 | 43 | 36 | 124 |

来源：私募通，2015.03.　　　　　　　　　　　　　　　　　www.pedata.cn

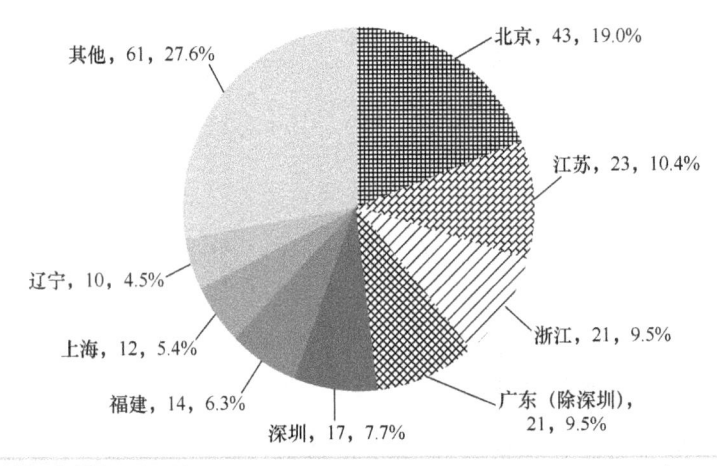

图 8 2014 年国内股权投资退出地域分布（按案例数，个）

# 第三部分

政策汇编
(2014年12月)

# 中国人民银行　科技部　银监会　证监会　保监会　知识产权局关于大力推进体制机制创新　扎实做好科技金融服务的意见

为贯彻落实党的十八届三中全会精神和《中共中央　国务院关于深化科技体制改革加快国家创新体系建设的意见》（中发〔2012〕6号）等中央文件要求，大力推动体制机制创新，促进科技和金融的深层次结合，支持国家创新体系建设，现提出如下意见：

**一、大力培育和发展服务科技创新的金融组织体系**

（一）创新从事科技金融服务的金融组织形式。鼓励银行业金融机构在高新技术产业开发区（以下简称高新区）、国家高新技术产业化基地（以下简称产业化基地）等科技资源集聚地区通过新设或改造部分分（支）行作为从事中小科技企业金融服务的专业分（支）行或特色分（支）行。对银行业金融机构新设或改造部分分（支）行从事科技金融服务的有关申请，优先受理和审核。鼓励银行业金融机构在财务资源、人力资源等方面给予专业分（支）行或特色分（支）行适当倾斜，加强业务指导和管理，提升服务科技创新的专业化水平。在加强监管的前提下，允许具备条件的民间资本依法发起设立中小型银行，为科技创新提供专业化的金融服务。

（二）积极发展为科技创新服务的非银行金融机构和组织。大力推动金融租赁公司等规范发展，为科技企业、科研院所等开展科技研发和技术改造提供大型设备、精密器材等的租赁服务。支持发展科技小额贷款公司，按照"小额、分散"原则，向小微科技企业提供贷款服务。鼓励符合条件的小额贷款公司、金融租赁公司通过开展资产证券化、发行债券等方式融资。积极推动产融结合，支持符合条件的大型科技企业集团公司按规定设立财务公司，强化其为集团内科技企业提供金融服务的功能。

（三）培育发展科技金融中介服务体系。指导和推动地方科技部门、国家高新区（或产业化基地）、金融机构和相关中介服务机构建立和培育发展科技金融服务中心等多种形式的服务平台，推动创业投资、银行信贷、科技企业改制服务、融资路演、数据增值服务、科技项目管理、人才引进等方面的联动合作，为科技企业提供全方位、专业化、定制化投融资解决方案。加快发展科技企业孵化、法律会计服务、人力资源管理等机构，为中小科技企业融资提供服务。

**二、加快推进科技信贷产品和服务模式创新**

（四）完善科技信贷管理机制。鼓励银行业金融机构完善科技企业贷款利率定价机制，充分利用贷款利率风险定价和浮动计息规则，根据科技企业成长状况，动态分享相关收益。完善科技贷款审批机制，通过建立科技贷款绿色通道等方式，提高科技贷款审批效率；通过借助科技专家咨询服务平台，利用信息科技技术提升评审专业化水平。完善科技信贷风险管理机制，探索设计专门针对科技信贷风险管理的模型，提高科技贷款管理水平。完善内部激励约束机制，建立小微科技企业信贷业务拓展奖励办法，落实授信尽职免责机制，有效发挥差别风险容忍度对银行开展科技信贷业务的支撑作用。

（五）丰富科技信贷产品体系。在有效防范风险的前提下，支持银行业金融机构与创业投资、证券、保险、信托等机构合作，创新交叉性金融产品，建立和完善金融支持科技创新的信息交流共享机制和风险共控合作机制。全面推动符合科技企业特点的金融产品创新，逐步扩大仓单、订单、应收账款、产业链融资以及股权质押贷款的规模。充分发挥政策性金融功能，支持国家重大科技计划成果的转化和产业化、科技企业并购、国内企业自主创新和引进消化吸收再创新、农业科技创新、科技企业开展国际合作和"走出去"。

（六）创新科技金融服务模式。鼓励银行业金融机构开展还款方式创新，开发和完善适合科技企业融资需求特点的授信模式。积极向科技企业提供开户、结算、融资、理财、咨询、现金管理、国际业务等一站式、系统化的金融服务。加快科技系统改造升级,在符合监管要求的前提下充分利用互联网技术,为科技企业提供高效、便捷的金融服务。

(七)大力发展知识产权质押融资。加强知识产权评估、登记、托管、流转服务能力建设,规范知识产权价值分析和评估标准,简化知识产权质押登记流程,探索建立知识产权质物处置机制,为开展知识产权质押融资提供高效便捷服务。积极推进专利保险工作,有效保障企业、行业、地区的创新发展。

**三、拓宽适合科技创新发展规律的多元化融资渠道**

(八)支持科技企业上市、再融资和并购重组。推进新股发行体制改革,继续完善和落实促进科技成果转化应用的政策措施,促进科技成果资本化、产业化。适当放宽科技企业的财务准入标准,简化发行条件。建立创业板再融资制度,形成"小额、快速、灵活"的创业板再融资机制,为科技企业提供便捷的再融资渠道。支持符合条件的科技企业在境外上市融资。支持科技上市企业通过并购重组做大做强。推进实施并购重组分道制审核制度,对符合条件的企业申请实行豁免或快速审核。鼓励科技上市企业通过并购基金等方式实施兼并重组,拓宽融资渠道。研究允许科技上市企业发行优先股、定向可转债等作为并购工具的可行性,丰富并购重组工具。

(九)鼓励科技企业利用债券市场融资。支持科技企业通过发行企业债、公司债、短期融资券、中期票据、中小企业集合票据、中小企业集合债券、小微企业增信集合债券、中小企业私募债等产品进行融资。鼓励和支持相关部门通过优化工作流程,提高发行工作效率,为科技企业发行债券提供融资便利。对符合条件的科技企业发行直接债务融资工具的,鼓励中介机构适当降低收费,减轻科技企业的融资成本负担。继续推动并购债、可转债、高收益债等产品发展,支持科技企业滚动融资,行业收购兼并和创投公司、私募基金投资和退出。

(十)推动创业投资发展壮大。发挥政府资金杠杆作用,充分利用现有的创业投资基金,完善创业投资政策环境和退出机制,鼓励更多社会资本进入创业投资领域。推动各级政府部门设立的创业投资机构通过阶段参股、跟进投资等多种方式,引导创业投资资金投向初创期科技企业和科技成果转化项目。完善和落实创业投资机构相关税收政策,推动运用财政税收等优惠政策引导创业投资机构投资科技企业,支持符合条件的创业投资企业、股权投资企业、产业投资基金发行企业债券;支持符合条件的创业投资企业、股权投资企业、产业投资基金的股东或有限合伙人发行企业债券。鼓励发展天使投资。

(十一)鼓励其他各类市场主体支持科技创新。支持科技企业通过在全国中小企业股份转让系统实现股份转让和定向融资。探索研究全国中小企业股份转让系统挂牌公司的并购重组监管制度,规范引导其并购重组活动。探索利用各类产权交易机构为非上市小微科技企业提供股份转让渠道,建立健全未上市科技股份公司股权集中托管、转让、市场监管等配套制度。加快发展统一的区域性技术产权交易市场,推动地方加强省级技术产权交易市场建设,完善创业风险投资退出机制。支持证券公司直投子公司、另类投资子公司、基金管理公司专业子公司等,在风险可控前提下按规定投资非上市科技企业股权、债券类资产、收益权等实体资产,为不同类型、不同发展阶段的科技企业提供资金支持。

**四、探索构建符合科技创新特点的保险产品和服务**

(十二)建立和完善科技保险体系。按照政府引导、商业保险机构运作、产寿险业务并重的原则,进一步建立和完善科技保险体系。加大对科技保险的财政支持力度,鼓励有条件的地区建立科技保险奖补机制和科技再保险制度,对重点科技和产业领域给予补贴、补偿等奖励和优惠政策,充分发挥财政资金的引导和放大作用,促进科技保险长效发展。支持符合条件的保险公司设立专门服务于科技企业的科技保险专营机构,为科技企业降低风险损失、实现稳健经营提供支持。

(十三)加快创新科技保险产品,提高科技保险服务质量。鼓励保险公司创新科技保险产品,为科技企业、科研项目、科研人员提供全方位保险支持。推广中小科技企业贷款保证保险、贷款担保责任保险、出口信用保险等新型保险产品,为科技企业提供贷款保障。加快制定首台(套)重大技术装备保险机制的指导意见,建立政府引导、市场化运作的首台(套)重大技术装备保险机制和示范应用制度,促进首台(套)重大技术装备项目的推广和科技成果产业化。

(十四)创新保险资金运用方式,为科技创新提供资金支持。根据科技领域需求和保险资金特点,支持保险资金以股权、基金、债权、资产支持计划等形式,为高新区和产业化基地建设、战略性新兴产业的培育与发展以及国家重大科技项目提供长期、稳定的资金支持。探索保险资金投资优先股等新型金融工具,为科技企业提供长期股权投资。推动科技保险综合实验区建设,在更好地服务科技创新方面先行先试,探索建立综合性科技保险支持体系。

**五、加快建立健全促进科技创新的信用增进机制**

(十五)大力推动科技企业信用示范区建设。鼓励各地依托高新区和产业化基地,因地制宜建设科技企业信用示范区,充分利用金融信用信息基础数据库等信用信息平台,加大对科技企业信用信息的采集,建立和完善科技企业的信用评级和评级结果推介制度,为金融机构推广信用贷款等金融产品提供支持。充分发挥信用促进会等信用自律组织的作用,完善科技企业信用示范区管理机制,逐步建立守信激励、失信惩戒的信用环境。

（十六）积极发挥融资性担保增信作用。建立健全政府资金引导、社会资本参与、市场化运作的科技担保、再担保体系。支持融资性担保机构加大对科技企业的信用增进，提高融资性担保机构服务能力。鼓励科技企业成立联保互助组织，通过建立科技担保互助基金，为协会成员提供融资担保支持。支持融资性担保机构加强信息披露与共享，开展同业合作，集成科技企业资源，进一步增强融资担保能力。

（十七）创新科技资金投入方式。充分发挥国家科技成果转化引导基金的作用，通过设立创业投资子基金、贷款风险补偿等方式，引导金融资本和民间投资向科技成果转化集聚。进一步整合多种资源，综合运用创业投资、风险分担、保费补贴、担保补助、贷款贴息等多种方式，发挥政府资金在信用增进、风险分散、降低成本等方面的作用，引导金融机构加大对科技企业的融资支持。

**六、进一步深化科技和金融结合试点**

（十八）加快推进科技和金融结合试点工作。完善"促进科技和金融结合试点工作"部际协调机制，总结试点工作的成效和创新实践，研究制定继续深化试点工作的相关措施，适时启动第二批试点工作，将更多地区纳入试点范围。及时宣传和推广试点地区典型经验，发挥试点地区的示范作用。加大资源条件保障和政策扶持力度，进一步调动和发挥地方深化试点工作的积极性与创造性。鼓励地方因地制宜、大胆探索、先行先试，不断拓展科技与金融结合的政策和实践空间，开展具有地方特色的科技和金融结合试点工作建设。

（十九）推动高新区科技与金融的深层次结合。建立完善高新区管委会、金融机构和科技企业之间的信息沟通机制，通过举办多种形式的投融资对接活动，加强科技创新项目和金融产品的宣传、推介，推动高新区项目资源、政策资源与金融资源的有效对接。支持银行业金融机构在风险可控的前提下，在业务范围内综合运用统贷平台、集合授信等多种方式,加大对高新区建设和小微科技企业的融资支持。发挥高新区先行先试的优势,加快构建科技金融服务体系,鼓励金融机构开展各类金融创新实践活动。

**七、创新政策协调和组织实施机制**

(二十)综合运用多种金融政策工具,拓宽科技创新信贷资金来源。充分运用差别存款准备金动态调整机制,引导地方法人金融机构加大对科技企业的信贷投入。发挥再贴现支持结构调整的作用,对小微科技企业票据优先予以再贴现支持。支持符合条件的银行发行金融债专项用于支持小微科技企业发展,加强对小微科技企业的金融服务。积极稳妥推动信贷资产证券化试点,鼓励金融机构将通过信贷资产证券化业务腾挪出的信贷资金支持科技企业发展。

(二十一)加强科技创新资源与金融资源的有效对接。探索金融资本与国家科技计划项目结合的有效方式和途径,建立科技创新项目贷款的推荐机制,支持国家科技计划项目的成果转化和产业化;建立国家科技成果转化项目库,引导和支持金融资本及民间投资参与科技创新;指导地方科技部门建立中小微科技企业数据库,与金融机构开展投融资需求对接;开展面向中小微科技企业的科技金融培训,培育科技金融复合型人才。

(二十二)建立科技、财政和金融监管部门参加的科技金融服务工作协调机制。健全跨部门、跨层级的协调沟通和分工负责机制,加强科技、财政、税收、金融等政策的协调,形成推进科技金融发展的政策合力。依托科技部门与金融管理部门、金融机构的合作机制,将科技部门在政策、信息、项目、专家等方面的综合优势与金融机构的产品、服务优势结合起来,实现科技创新与金融创新的相互促进。

(二十三)探索建立科技金融服务监测评估体系。人民银行各分支机构可根据辖区实际情况,按照地方科技部门制定的科技企业认定标准与名录,推动各金融机构研究建立科技金融服务专项统计制度,加强对科技企业贷款的统计与监测分析,并探索建立科技金融服务的专项信贷政策导向效果评估制度。

请人民银行上海总部,各分行、营业管理部、省会(首府)城市中心支行、副省级城市中心支行会同所在省(区、市)科技、知识产权、银监、证监、保监等部门将本意见联合转发至辖区内相关机构,并协调做好本意见的贯彻实施工作。

中国人民银行<br>
科技部<br>
银监会<br>
证监会<br>
保监会<br>
知识产权局<br>
2014 年 1 月 7 日

## 关于发布《私募投资基金管理人登记和基金备案办法(试行)》的通知
### (中基协发〔2014〕1 号)

各私募基金管理人:

为规范私募投资基金业务,保护投资者合法权益,促进私募投资基金行业健康发展,根据《证券投资基金法》和中国证券监督管理委员会的授权,中国证券投资基金业协会制定了《私募投资基金管理人登记和基金备案办法(试行)》,现予发布。

附件:《私募投资基金管理人登记和基金备案办法(试行)》

中国证券投资基金业协会<br>
二〇一四年一月十七日

### 附件：私募投资基金管理人登记和基金备案办法（试行）

#### 第一章 总 则

第一条 为规范私募投资基金业务，保护投资者合法权益，促进私募投资基金行业健康发展，根据《证券投资基金法》、《中央编办关于私募股权基金管理职责分工的通知》和中国证券监督管理委员会（以下简称中国证监会）有关规定，制定本办法。

第二条 本办法所称私募投资基金（以下简称私募基金），系指以非公开方式向合格投资者募集资金设立的投资基金，包括资产由基金管理人或者普通合伙人管理的以投资活动为目的设立的公司或者合伙企业。

第三条 中国证券投资基金业协会（以下简称基金业协会）按照本办法规定办理私募基金管理人登记及私募基金备案，对私募基金业务活动进行自律管理。

第四条 私募基金管理人应当提供私募基金登记和备案所需的文件和信息，保证所提供文件和信息的真实性、准确性、完整性。

#### 第二章 基金管理人登记

第五条 私募基金管理人应当向基金业协会履行基金管理人登记手续并申请成为基金业协会会员。

第六条 私募基金管理人申请登记，应当通过私募基金登记备案系统，如实填报基金管理人基本信息、高级管理人员及其他从业人员基本信息、股东或合伙人基本信息、管理基金基本信息。

第七条 登记申请材料不完备或不符合规定的，私募基金管理人应当根据基金业协会的要求及时补正。申请登记期间，登记事项发生重大变化的，私募基金管理人应当及时告知基金业协会并变更申请登记内容。

第八条 基金业协会可以采取约谈高级管理人员、现场检查、向中国证监会及其派出机构、相关专业协会征询意见等方式对私募基金管理人提供的登记申请材料进行核查。

第九条 私募基金管理人提供的登记申请材料完备的,基金业协会应当自收齐登记材料之日起20个工作日内,以通过网站公示私募基金管理人基本情况的方式,为私募基金管理人办结登记手续。网站公示的私募基金管理人基本情况包括私募基金管理人的名称、成立时间、登记时间、住所、联系方式、主要负责人等基本信息以及基本诚信信息。公示信息不构成对私募基金管理人投资管理能力、持续合规情况的认可,不作为基金资产安全的保证。

第十条 经登记后的私募基金管理人依法解散、被依法撤销或者被依法宣告破产的,基金业协会应当及时注销基金管理人登记。

## 第三章 基金备案

第十一条 私募基金管理人应当在私募基金募集完毕后20个工作日内,通过私募基金登记备案系统进行备案,并根据私募基金的主要投资方向注明基金类别,如实填报基金名称、资本规模、投资者、基金合同(基金公司章程或者合伙协议,以下统称基金合同)等基本信息。公司型基金自聘管理团队管理基金资产的,该公司型基金在作为基金履行备案手续同时,还需作为基金管理人履行登记手续。

第十二条 私募基金备案材料不完备或者不符合规定的,私募基金管理人应当根据基金业协会的要求及时补正。

第十三条 私募基金备案材料完备且符合要求的,基金业协会应当自收齐备案材料之日起20个工作日内,以通过网站公示私募基金基本情况的方式,为私募基金办结备案手续。网站公示的私募基金基本情况包括私募基金的名称、成立时间、备案时间、主要投资领域、基金管理人及基金托管人等基本信息。

第十四条 经备案的私募基金可以申请开立证券相关账户。

## 第四章 人员管理

第十五条 私募基金管理人应当按照规定向基金业协会报送高级管理人员及其他基金从业人员基本信息及变更信息。

第十六条 从事私募基金业务的专业人员应当具备私募基金从业资格。

具备以下条件之一的,可以认定为具有私募基金从业资格：

（一）通过基金业协会组织的私募基金从业资格考试；

（二）最近三年从事投资管理相关业务；

（三）基金业协会认定的其他情形。

第十七条 私募基金管理人的高级管理人员应当诚实守信,最近三年没有重大失信记录,未被中国证监会采取市场禁入措施。前款所称高级管理人员指私募基金管理人的董事长、总经理、副总经理、执行事务合伙人（委派代表）、合规风控负责人以及实际履行上述职务的其他人员。

第十八条 私募基金从业人员应当定期参加基金业协会或其认可机构组织的执业培训。

## 第五章 信息报送

第十九条 私募基金管理人应当在每月结束之日起 5 个工作日内,更新所管理的私募证券投资基金相关信息,包括基金规模、单位净值、投资者数量等。

第二十条 私募基金管理人应当在每季度结束之日起 10 个工作日内,更新所管理的私募股权投资基金等非证券类私募基金的相关信息,包括认缴规模、实缴规模、投资者数量、主要投资方向等。

第二十一条 私募基金管理人应当于每年度结束之日起 20 个工作日内,更新私募基金管理人、股东或合伙人、高级管理人员及其他从业人员、所管理的私募基金等基本信息。私募基金管理人应当于每年度四月底之前,通过私募基金登记备案系统填报经会计师事务所审计的年度财务报告。

受托管理享受国家财税政策扶持的创业投资基金的基金管理人,还应当报送所受托管理创业投资基金投资中小微企业情况及社会经济贡献情况等报告。

第二十二条　私募基金管理人发生以下重大事项的,应当在10个工作日内向基金业协会报告:

(一)私募基金管理人的名称、高级管理人员发生变更;

(二)私募基金管理人的控股股东、实际控制人或者执行事务合伙人发生变更;

(三)私募基金管理人分立或者合并;

(四)私募基金管理人或高级管理人员存在重大违法违规行为;

(五)依法解散、被依法撤销或者被依法宣告破产;

(六)可能损害投资者利益的其他重大事项。

第二十三条　私募基金运行期间,发生以下重大事项的,私募基金管理人应当在5个工作日内向基金业协会报告:

(一)基金合同发生重大变化;

(二)投资者数量超过法律法规规定;

(三)基金发生清盘或清算;

(四)私募基金管理人、基金托管人发生变更;

(五)对基金持续运行、投资者利益、资产净值产生重大影响的其他事件。

第二十四条　基金业协会每季度对私募基金管理人、从业人员及私募基金情况进行统计分析,向中国证监会报告。

## 第六章　自律管理

第二十五条　基金业协会根据私募基金管理人所管理的基金类型设立相关专业

委员会,实施差别化的自律管理。

第二十六条　基金业协会可以对私募基金管理人及其从业人员实施非现场检查和现场检查,要求私募基金管理人及其从业人员提供有关的资料和信息。私募基金管理人及其从业人员应当配合检查。

第二十七条　基金业协会建立私募基金管理人及其从业人员诚信档案,跟踪记录其诚信信息。

第二十八条　基金业协会接受对私募基金管理人或基金从业人员的投诉,可以对投诉事项进行调查、核实,并依法进行处理。

第二十九条　基金业协会可以根据当事人平等、自愿的原则对私募基金业务纠纷进行调解,维护投资者合法权益。

第三十条　私募基金管理人、高级管理人员及其他从业人员存在以下情形的,基金业协会视情节轻重可以对私募基金管理人采取警告、行业内通报批评、公开谴责、暂停受理基金备案、取消会员资格等措施,对高级管理人员及其他从业人员采取警告、行业内通报批评、公开谴责、取消从业资格等措施,并记入诚信档案。情节严重的,移交中国证监会处理:

(一)违反《证券投资基金法》及本办法规定;

(二)在私募基金管理人登记、基金备案及其他信息报送中提供虚假材料和信息,或者隐瞒重要事实;

(三)法律法规、中国证监会及基金业协会规定的其他情形。

第三十一条　私募基金管理人未按规定及时填报业务数据或者进行信息更新的,基金业协会责令改正;一年累计两次以上未按时填报业务数据、进行信息更新的,基金业协会可以对主要责任人员采取警告措施,情节严重的向中国证监会报告。

## 第七章 附 则

**第三十二条** 本办法自 2014 年 2 月 7 日起施行,由基金业协会负责解释。

## 国务院关于进一步优化企业兼并重组市场环境的意见

### (国发〔2014〕14 号)

各省、自治区、直辖市人民政府,国务院各部委、各直属机构:

兼并重组是企业加强资源整合、实现快速发展、提高竞争力的有效措施,是化解产能严重过剩矛盾、调整优化产业结构、提高发展质量效益的重要途径。近年来,我国企业兼并重组步伐加快,但仍面临审批多、融资难、负担重、服务体系不健全、体制机制不完善、跨地区跨所有制兼并重组困难等问题。为深入贯彻党的十八大和十八届二中、三中全会精神,认真落实党中央和国务院的决策部署,营造良好的市场环境,充分发挥企业在兼并重组中的主体作用,现提出以下意见:

一、主要目标和基本原则

(一)主要目标。

1. 体制机制进一步完善。企业兼并重组相关行政审批事项逐步减少,审批效率不断提高,有利于企业兼并重组的市场体系进一步完善,市场壁垒逐步消除。

2. 政策环境更加优化。有利于企业兼并重组的金融、财税、土地、职工安置等政策进一步完善,企业兼并重组融资难、负担重等问题逐步得到解决,兼并重组服务体系不断健全。

3. 企业兼并重组取得新成效。兼并重组活动日趋活跃,一批企业通过兼并重组焕发活力,有的成长为具有国际竞争力的大企业大集团,产业竞争力进一步增强,资源配置效率显著提高,过剩产能得到化解,产业结构持续优化。

(二)基本原则。

1. 尊重企业主体地位。有效调动企业积极性,由企业自主决策、自愿参与兼并重组,坚持市场化运作,避免违背企业意愿的"拉郎配"。

2. 发挥市场机制作用。发挥市场在资源配置中的决定性作用,加快建立公平开放透明的市场规则,消除企业兼并重组的体制机制障碍,完善统一开放、竞争有序的市场体系。

3. 改善政府的管理和服务。取消限制企业兼并重组和增加企业兼并重组负担的不合理规定,解决企业兼并重组面临的突出问题,引导和激励各种所有制企业自主、自愿参与兼并重组。

**二、加快推进审批制度改革**

(三)取消下放部分审批事项。系统梳理企业兼并重组涉及的审批事项,缩小审批范围,对市场机制能有效调节的事项,取消相关审批。取消上市公司收购报告书事前审核,强化事后问责。取消上市公司重大资产购买、出售、置换行为审批(构成借壳上市的除外)。对上市公司要约收购义务豁免的部分情形,取消审批。地方国有股东所持上市公司股份的转让,下放地方政府审批。

(四)简化审批程序。优化企业兼并重组相关审批流程,推行并联式审批,避免互为前置条件。实行上市公司并购重组分类审核,对符合条件的企业兼并重组实行快速审核或豁免审核。简化海外并购的外汇管理,改革外汇登记要求,进一步促进投资便利化。优化国内企业境外收购的事前信息报告确认程序,加快办理相关核准手续。提高经营者集中反垄断审查效率。企业兼并重组涉及的生产许可、工商登记、资产权属证明等变更手续,从简限时办理。

**三、改善金融服务**

(五)优化信贷融资服务。引导商业银行在风险可控的前提下积极稳妥开展并购贷款业务。推动商业银行对兼并重组企业实行综合授信,改善对企业兼并重组的信贷服务。

(六)发挥资本市场作用。符合条件的企业可以通过发行股票、企业债券、非金融企业债务融资工具、可转换债券等方式融资。允许符合条件的企业发行优先股、定向发行可转换债券作为兼并重组支付方式,研究推进定向权证等作为支付方式。鼓励证券公司开展兼并重组融资业务,各类财务投资主体可以通过设立股权投资基金、创业投资基金、产业投资基金、并购基金等形式参与兼并重组。对上市公司发行股份实施兼并事项,不设发行数量下限,兼并非关联企业不再强制要求作出业绩承诺。非上市公众公司兼并重组,不实施全面要约收购制度。改革上市公司兼并重组的股份定价机制,增加定价弹性。非上市公众公司兼并重组,允许实行股份协商定价。

**四、落实和完善财税政策**

(七)完善企业所得税、土地增值税政策。修订完善兼并重组企业所得税特殊性税务处理的政策,降低收购股权(资产)占被收购企业全部股权(资产)的比例限制,扩大特殊性税务处理政策的适用范围。抓紧研究完善非货币性资产投资交易的企业所得税、企业改制重组涉及的土地增值税等相关政策。

(八)落实增值税、营业税等政策。企业通过合并、分立、出售、置换等方式,转让全部或者部分实物资产以及与其相关联的债权、债务和劳动力的,不属于增值税和营业税征收范围,不应视同销售而征收增值税和营业税。税务部门要加强跟踪管理,企业兼并重组工作牵头部门要积极协助财税部门做好相关税收政策的落实。

(九)加大财政资金投入。中央财政适当增加工业转型升级资金规模,引导实施兼并重组的企业转型升级。利用现有中央财政关闭小企业资金渠道,调整使用范围,帮助实施兼并重组的企业安置职工、转型转产。加大对企业兼并重组公共服务的投入力度。各地要安排资金,按照行政职责,解决本地区企业兼并重组工作中的突出问题。

（十）进一步发挥国有资本经营预算资金的作用。根据企业兼并重组的方向、重点和目标，合理安排国有资本经营预算资金引导国有企业实施兼并重组、做优做强，研究完善相关管理制度，提高资金使用效率。

**五、完善土地管理和职工安置政策**

（十一）完善土地使用政策。政府土地储备机构有偿收回企业因兼并重组而退出的土地，按规定支付给企业的土地补偿费可以用于企业安置职工、偿还债务等支出。企业兼并重组中涉及因实施城市规划需要搬迁的工业项目，在符合城乡规划及国家产业政策的条件下，市县国土资源管理部门经审核并报同级人民政府批准，可收回原国有土地使用权，并以协议出让或租赁方式为原土地使用权人重新安排工业用地。企业兼并重组涉及土地转让、改变用途的，国土资源、住房城乡建设部门要依法依规加快办理相关用地和规划手续。

（十二）进一步做好职工安置工作。落实完善兼并重组职工安置政策。实施兼并重组的企业要按照国家有关法律法规及政策规定，做好职工安置工作，妥善处理职工劳动关系。地方各级人民政府要进一步落实促进职工再就业政策，做好职工社会保险关系转移接续，保障职工合法权益。对采取有效措施稳定职工队伍的企业给予稳定岗位补贴，所需资金从失业保险基金中列支。

**六、加强产业政策引导**

（十三）发挥产业政策作用。提高节能、环保、质量、安全等标准，规范行业准入，形成倒逼机制，引导企业兼并重组。支持企业通过兼并重组压缩过剩产能、淘汰落后产能、促进转型转产。产能严重过剩行业项目建设，须制定产能置换方案，实施等量或减量置换。

（十四）鼓励优强企业兼并重组。推动优势企业强强联合、实施战略性重组，带动中小企业"专精特新"发展,形成优强企业主导、大中小企业协调发展的产业格局。

（十五）引导企业开展跨国并购。落实完善企业跨国并购的相关政策,鼓励具备实力的企业开展跨国并购,在全球范围内优化资源配置。规范企业海外并购秩序,加强竞争合作,推动互利共赢。积极指导企业制定境外并购风险应对预案,防范债务风险。鼓励外资参与我国企业兼并重组。

（十六）加强企业兼并重组后的整合。鼓励企业通过兼并重组优化资金、技术、人才等生产要素配置,实施业务流程再造和技术升级改造,加强管理创新,实现优势互补、做优做强。

**七、进一步加强服务和管理**

（十七）推进服务体系建设。进一步完善企业兼并重组公共信息服务平台,拓宽信息交流渠道。培育一批业务能力强、服务质量高的中介服务机构,提高关键领域、薄弱环节的服务能力,促进中介服务机构专业化、规范化发展。发挥行业协会在企业兼并重组中的重要作用。

（十八）建立统计监测制度。加强企业兼并重组的统计信息工作,构建企业兼并重组统计指标体系,建立和完善统计调查、监测分析和发布制度。整合行业协会、中介组织等信息资源,畅通统计信息渠道,为企业提供及时有效的信息服务。

（十九）规范企业兼并重组行为。严格依照有关法律法规和政策,保护职工、债权人和投资者的合法权益。完善国有产权转让有关规定,规范国有资产处置,防止国有资产流失。采取切实措施防止企业通过兼并重组逃废银行债务,依法维护金融债权,保障金融机构合法权益。在资本市场上,主板、中小板企业兼并重组构成借壳上市的,要符合首次公开发行条件。加强上市公司和非上市公众公司信息披露,强化事中、事后监管,严厉查处内幕交易等违法违规行为。加强外国投资者并购境内企业安全审查,维护国家安全。

**八、健全企业兼并重组的体制机制**

(二十)完善市场体系建设。深化要素配置市场化改革,进一步完善多层次资本市场体系。加快建立现代企业产权制度,促进产权顺畅流转。加强反垄断和反不正当竞争执法,规范市场竞争秩序,加强市场监管,促进公平竞争和优胜劣汰。行政机关和法律法规授权的具有管理公共事务职责的组织,应严格遵守反垄断法,不得滥用行政权力排除和限制竞争。

(二十一)消除跨地区兼并重组障碍。清理市场分割、地区封锁等限制,加强专项监督检查,落实责任追究制度。加大一般性转移支付力度,平衡地区间利益关系。落实跨地区机构企业所得税分配政策,协调解决企业兼并重组跨地区利益分享问题,解决跨地区被兼并企业的统计归属问题。

(二十二)放宽民营资本市场准入。向民营资本开放非明确禁止进入的行业和领域。推动企业股份制改造,发展混合所有制经济,支持国有企业母公司通过出让股份、增资扩股、合资合作引入民营资本。加快垄断行业改革,向民营资本开放垄断行业的竞争性业务领域。优势企业不得利用垄断力量限制民营企业参与市场竞争。

(二十三)深化国有企业改革。深入推进国有企业产权多元化改革,完善公司治理结构。改革国有企业负责人任免、评价、激励和约束机制,完善国有企业兼并重组考核评价体系。加大国有企业内部资源整合力度,推动国有资本更多投向关系国家安全、国民经济命脉的重要行业和关键领域。

**九、切实抓好组织实施**

(二十四)进一步加大统筹协调力度。充分发挥企业兼并重组工作部际协调小组的作用,解决跨地区跨所有制企业兼并重组和跨国并购中的重大问题,做好重大部署的落实,组织开展政策执行情况评估和监督检查。各有关部门要按照职责分工抓紧制定出台配套政策措施,加强协调配合,完善工作机制,扎实推进各项工作。

（二十五）切实加强组织领导。各地区要按照本意见要求，结合当地实际抓紧制定优化企业兼并重组市场环境的具体方案，建立健全协调机制和服务体系，积极协调解决本地区企业兼并重组中遇到的问题，确保各项政策措施落到实处，有关重大事项及时报告企业兼并重组工作部际协调小组。

国务院

2014年3月7日

## 商务部关于《境外投资管理办法（修订）（征求意见稿）》公开征求意见

为进一步促进和发展境外投资，提高境外投资便利化水平，我部对《境外投资管理办法》进行了修订，现向社会公开征求意见。公众可以通过以下途径和方式提出反馈意见：

1. 登录中国法制信息网（网址：http://www.chinalaw.gov.cn），进入首页左侧的"法规规章草案意见征集系统"提出意见。

2. 登录商务部网站（网址：http://www.mofcom.gov.cn），进入"征求意见"，点击"《境外投资管理办法（修订）（征求意见稿）》征求意见"提出意见。

3. 电子邮件：tfshzc@mofcom.gov.cn。

4. 通信地址：北京市东长安街2号商务部条法司，邮编：100731。

意见反馈截止日期为2014年5月15日。

商务部

2014年4月16日

# 境外投资管理办法(修订)(征求意见稿)

## 第一章 总 则

第一条 为进一步促进和发展境外投资,提高境外投资便利化水平,根据《中华人民共和国行政许可法》、《国务院对确需保留的行政审批项目设定行政许可的决定》、《政府核准的投资项目目录(2013年本)》,制定本办法。

第二条 本办法所称境外投资,是指在我国依法设立的企业(以下简称企业)通过新设、并购等方式在投资东道国(地区)拥有非金融企业或取得既有非金融企业所有权、控制权或经营管理权等权益的行为。投资东道国(地区)是指境外投资的最终目的地。

第三条 企业开展境外投资的经济技术可行性由其自行负责,并应当认真了解并遵守境内外相关法律法规、规章和政策。

第四条 企业开展境外投资不得有以下情形:

(一)危害我国国家主权、安全和公共利益,或违反我国法律法规;

(二)损害我国与有关国家(地区)关系;

(三)违反我国对外缔结的国际条约;

(四)涉及我国禁止出口的产品和技术。

第五条 商务部负责对境外投资实施管理和监督,省、自治区、直辖市、计划单列市及新疆生产建设兵团商务主管部门(以下简称省级商务主管部门)负责对本行政区域内境外投资实施管理和监督。

## 第二章 备案和核准

第六条 企业境外投资涉及敏感国别(地区)和敏感行业的,报商务部核准;企业其他情形的境外投资,报商务部和地方省级商务主管部门备案。

第七条　商务部和省级商务主管部门通过"境外投资管理系统"(以下简称"系统")对企业境外投资实行备案和核准,打印并颁发《企业境外投资证书》(以下简称《证书》,样式见附件)。《证书》由商务部和省级商务主管部门分别印制并盖章,实行统一编码管理。

第八条　备案

(一)中央企业报商务部备案;地方企业报省级商务主管部门备案。

(二)中央企业和地方企业通过"系统"按要求填写并打印《境外投资备案表》(以下简称《备案表》),加盖公章后,连同企业营业执照复印件等材料分别报商务部和省级商务主管部门备案。

(三)《备案表》填写完整且符合法定形式的,商务部和省级商务主管部门在3个工作日内予以备案并颁发《证书》。

第九条　核准

(一)需由商务部核准的敏感国家和地区包括:与我国未建交的国家、受联合国制裁的有关国家、发生战乱的有关国家和地区等。

敏感行业包括:涉及使用国家限制出口的产品和技术、涉及多国(地区)利益等。

(二)中央企业向商务部提出申请,地方企业通过所在地省级商务主管部门向商务部提出申请。

(三)核准境外投资应当征求我驻外使(领)馆(经商处(室))意见。涉及中央企业的,由商务部征求意见;涉及地方企业的,由省级商务主管部门征求意见。商务部和省级商务主管部门征求意见时应当向驻外使(领)馆(经商处(室))提供投资事项基本情况等相关信息。

驻外使(领)馆(经商处(室))主要从东道国安全状况、对双边政治和经贸关系影响等方面提出意见,并自收到征求意见函之日起10个工作日内予以回复。

(四)企业办理境外投资核准须提交以下材料:

1. 申请书,主要内容包括投资主体情况、境外企业的名称、股权结构、投资金额、经营范围、经营期限、投资资金来源、投资的具体内容等。

2. 境外投资相关合同或协议;

3. 涉及使用我国限制出口的产品或技术的境外投资,应提交有关部门同意产品或技术出口的材料;

4. 营业执照复印件。

(五)地方企业向省级商务主管部门提出申请后,省级商务主管部门应当于10个工作日内(不含征求驻外使(领)馆(经商处(室))的时间)对企业申报材料是否完备以及是否涉及本办法第四条所列情形进行初审,同意后将初审意见和全部申请材料报送商务部。商务部收到省级商务主管部门的申请后,应当于15个工作日内做出是否予以核准的决定。

中央企业向商务部提出申请后,商务部对企业申报材料是否完备以及是否涉及本办法第四条所列情形进行审核。申请材料不齐全或者不符合法定形式的,应当在3个工作日内一次告知申请人。受理后,商务部应当于15个工作日内(不含征求驻外使(领)馆(经商处(室))的时间)做出是否予以核准的决定。

(六)对予以核准的境外投资,商务部出具书面核准决定并颁发《证书》;不予核准的,书面通知申请企业并说明理由,告知其享有依法申请行政复议或者提起行政诉讼的权利。

第十条 两个以上企业共同投资设立境外企业,应当由相对最大股东在征求其他投资方书面同意后负责申请核准或备案。如果各方持股比例相等,应当协商后由一方负责申请。负责办理核准或备案的商务主管部门应将核准或备案结果告知其他投资方所属商务主管部门。

第十一条 为维护企业合法权益,商务部或省级商务主管部门办理企业矿产资源勘查开发类境外投资核准时,应征求国内有关商会、协会的意见。有关商会、协会应在3个工作日内回复意见。

## 第三章 变更和终止

第十二条 核准或备案后,原境外投资申请事项发生变更,企业应参照第二章的规定向原核准或备案机关申请办理变更手续。

第十三条 企业终止已核准或备案的境外投资,应当按当地法律办理注销手续后,向原核准或备案机关备案,并交回《证书》。

终止是指原经核准或备案的境外企业不再存续或我国企业均不再拥有原经核准或备案的境外企业的股权等任何权益。

## 第四章 境外投资行为规范

第十四条 企业应当客观评估自身条件、能力,深入研究东道国(地区)投资环境,积极稳妥开展境外投资,注意防范风险。境内外法律法规和规章对资格资质有要求的,应当取得相关证明文件。

第十五条 企业应敦促境外企业重视在东道国(地区)的环境保护,树立环境保护意识,履行环境保护责任。

第十六条 企业应敦促境外企业注重企业文化建设,尊重当地风俗习惯,履行必要社会责任,做好境外融合工作。

第十七条 企业对其投资设立的境外企业冠名应当符合境内外法律法规和政策规定。未按国家有关规定获得批准的企业,其境外企业名称不得使用"中国"、"中华"、"全国"、"国家"等字样。境外企业外文名称可在申请核准或备案前在东道国(地区)进行预先注册。

第十八条　企业应当落实各项人员和财产安全防范措施,建立突发事件预警机制和应急预案。在境外发生突发事件时,企业应当按照"谁派出谁负责"的原则及时、妥善处理,并立即向驻外使(领)馆(经商处(室))和国内有关主管部门报告。

企业应做好外派人员行前安全、纪律教育和应急培训工作,未经安全培训的人员一律不得派出,加强对外派人员的管理,敦促并协助其依法办理当地合法居留和工作许可。

第十九条　企业应当要求境外企业中方负责人当面或以信函、传真、电子邮件等书面方式及时向驻外使(领)馆(经商处(室))报到登记。企业应当接受驻外使(领)馆(经商处(室))在突发事件防范、人员安全保护等方面的指导。

第二十条　企业应按有关规定向原核准或备案机关报告境外投资业务情况和统计资料,报告与境外投资相关的困难、问题,并确保报送情况和数据真实准确。

## 第五章　管理和服务

第二十一条　商务部负责对省级商务主管部门及中央企业总部的境外投资管理情况进行检查和指导。省级商务主管部门每半年向商务部报告境外投资有关情况。

第二十二条　商务部会同有关部门建立健全境外投资政策促进、服务保障和风险防控体系,加强境外投资的引导、促进、服务和保障,发布有关指导性文件,强化公共服务。

商务部发布《对外投资合作国别(地区)指南》,帮助企业了解东道国(地区)投资环境;会同有关部门发布国别产业、环境保护等指引,指导企业建立境外投资行为规范;通过政府间多双边经贸或投资合作机制等协助企业解决困难、问题;建立对外投资与合作信息服务系统,为企业开展境外投资提供统计、投资机会、投资障碍、预警等信息服务。

第二十三条　《证书》是企业境外投资获得核准或备案的凭证,企业可据此办理境外投资相关手续。

第二十四条　企业自领取《证书》之日起 2 年内,未在东道国(地区)完成有关法律手续或未办理境内有关部门手续,《证书》及相关文件自动失效,《证书》应交回原核准或备案机关。如需再开展境外投资,须按本办法规定重新申请核准或备案。

第二十五条　《证书》不得伪造、涂改、出租、转借或以任何形式转让。已变更、失效或注销的《证书》应当交回发证机关。

## 第六章　罚　则

第二十六条　企业提供虚假申请材料或不如实填报《备案表》的,商务部和省级商务主管部门给予警告,可在一年内对该企业任何境外投资不予以核准或备案;企业以提供虚假材料等不正当手段取得境外投资核准或备案的,商务部及省级商务主管部门应收回《证书》,并可在三年内对该企业任何境外投资不予以核准或备案。

第二十七条　违反本办法规定的企业三年内不得享受国家有关境外投资政策支持。

第二十八条　商务主管部门有关工作人员不依本办法规定履行职责,或者滥用职权的,依法给予行政处分。

## 第七章　附　则

第二十九条　省级商务主管部门可依照本规定制定相应的管理办法。

第三十条　本办法所称中央企业系指国务院国有资产监督管理委员会履行出资人职责的企业和中央管理的其他单位。

第三十一条　事业单位法人开展境外投资、企业在境外设立分支机构适用本办法。企业赴台湾、香港、澳门地区投资参照本办法执行。

第三十二条　企业投资设立的境外企业开展境外再投资,在完成法律手续后,应由企业报商务主管部门备案。企业为地方企业的,须通过"系统"填报相关信息,打印

《境外中资企业再投资备案表》并加盖本企业公章后向省级商务主管部门备案；企业为中央企业的，中央企业总部通过"系统"填报相关信息，打印备案表并加盖公章后向商务部备案。企业递交备案表后即完成备案。

第三十三条　本办法由商务部负责解释。

第三十四条　本办法自2014年　月　日起施行。《境外投资管理办法》（商务部2009年5号令）废止。此前有关规定与本办法不符的，以本办法为准。

## 国务院关于进一步促进资本市场健康发展的若干意见
### （国发〔2014〕17号）

各省、自治区、直辖市人民政府，国务院各部委、各直属机构：

进一步促进资本市场健康发展，健全多层次资本市场体系，对于加快完善现代市场体系、拓宽企业和居民投融资渠道、优化资源配置、促进经济转型升级具有重要意义。20多年来，我国资本市场快速发展，初步形成了涵盖股票、债券、期货的市场体系，为促进改革开放和经济社会发展作出了重要贡献。但总体上看，我国资本市场仍不成熟，一些体制机制性问题依然存在，新情况新问题不断出现。为深入贯彻党的十八大和十八届二中、三中全会精神，认真落实党中央和国务院的决策部署，实现资本市场健康发展，现提出以下意见。

**一、总体要求**

（一）指导思想。

高举中国特色社会主义伟大旗帜，以邓小平理论、"三个代表"重要思想、科学发展观为指导，贯彻党中央和国务院的决策部署，解放思想，改革创新，开拓进取。坚持市场化和法治化取向，维护公开、公平、公正的市场秩序，维护投资者特别是中小投资者合法权益。紧紧围绕促进实体经济发展,激发市场创新活力,拓展市场广度深度,扩大市场双向开放,促进直接融资与间接融资协调发展,提高直接融资比重,防范和分散金融风险。推动混合所有制经济发展,完善现代企业制度和公司治理结构,提高企业竞争能力,促进资本形成和股权流转,更好发挥资本市场优化资源配置的作用,促进创新创业、结构调整和经济社会持续健康发展。

（二）基本原则。

资本市场改革发展要从我国国情出发,积极借鉴国际经验,遵循以下原则：

一是处理好市场与政府的关系。尊重市场规律,依据市场规则、市场价格、市场竞争实现效益最大化和效率最优化,使市场在资源配置中起决定性作用。同时,更好发挥政府作用,履行好政府监管职能,实施科学监管、适度监管,创造公平竞争的市场环境,保护投资者合法权益,有效维护市场秩序。

二是处理好创新发展与防范风险的关系。以市场为导向、以提高市场服务能力和效率为目的,积极鼓励和引导资本市场创新。同时,强化风险防范,始终把风险监测、预警和处置贯穿于市场创新发展全过程,牢牢守住不发生系统性、区域性金融风险的底线。

三是处理好风险自担与强化投资者保护的关系。加强投资者教育,引导投资者培育理性投资理念,自担风险、自负盈亏,增强风险意识和自我保护能力。同时,健全投资者特别是中小投资者权益保护制度,保障投资者的知情权、参与权、求偿权和监督权,切实维护投资者合法权益。

四是处理好积极推进与稳步实施的关系。立足全局、着眼长远,坚定不移地积极推进改革。同时,加强市场顶层设计,增强改革措施的系统性、针对性、协同性,把握好改革的力度、节奏和市场承受程度,稳步实施各项政策措施,着力维护资本市场平稳发展。

(三)主要任务。

加快建设多渠道、广覆盖、严监管、高效率的股权市场,规范发展债券市场,拓展期货市场,着力优化市场体系结构、运行机制、基础设施和外部环境,实现发行交易方式多样、投融资工具丰富、风险管理功能完备、场内场外和公募私募协调发展。到2020年,基本形成结构合理、功能完善、规范透明、稳健高效、开放包容的多层次资本市场体系。

**二、发展多层次股票市场**

(四)积极稳妥推进股票发行注册制改革。建立和完善以信息披露为中心的股票发行制度。发行人是信息披露第一责任人,必须做到言行与信息披露的内容一致。发行人、中介机构对信息披露的真实性、准确性、完整性、充分性和及时性承担法律责任。投资者自行判断发行人的盈利能力和投资价值,自担投资风险。逐步探索符合我国实际的股票发行条件、上市标准和审核方式。证券监管部门依法监管发行和上市活动,严厉查处违法违规行为。

(五)加快多层次股权市场建设。强化证券交易所市场的主导地位,充分发挥证券交易所的自律监管职能。壮大主板、中小企业板市场,创新交易机制,丰富交易品种。加快创业板市场改革,健全适合创新型、成长型企业发展的制度安排。增加证券交易所市场内部层次。加快完善全国中小企业股份转让系统,建立小额、便捷、灵活、多元的投融资机制。在清理整顿的基础上,将区域性股权市场纳入多层次资本市场体系。完善集中统一的登记结算制度。

(六)提高上市公司质量。引导上市公司通过资本市场完善现代企业制度,建立健全市场化经营机制,规范经营决策。督促上市公司以投资者需求为导向,履行好信息披露义务,严格执行企业会计准则和财务报告制度,提高财务信息的可比性,增强信息披露的有效性。促进上市公司提高效益,增强持续回报投资者能力,为股东创造更多价值。规范上市公司控股股东、实际控制人行为,保障公司独立主体地位,维护各类股东的平等权利。鼓励上市公司建立市值管理制度。完善上市公司股权激励制度,允许上市公司按规定通过多种形式开展员工持股计划。

(七)鼓励市场化并购重组。充分发挥资本市场在企业并购重组过程中的主渠道作用,强化资本市场的产权定价和交易功能,拓宽并购融资渠道,丰富并购支付方式。尊重企业自主决策,鼓励各类资本公平参与并购,破除市场壁垒和行业分割,实现公司产权和控制权跨地区、跨所有制顺畅转让。

(八)完善退市制度。构建符合我国实际并有利于投资者保护的退市制度,建立健全市场化、多元化退市指标体系并严格执行。支持上市公司根据自身发展战略,在确保公众投资者权益的前提下以吸收合并、股东收购、转板等形式实施主动退市。对欺诈发行的上市公司实行强制退市。明确退市公司重新上市的标准和程序。逐步形成公司进退有序、市场转板顺畅的良性循环机制。

**三、规范发展债券市场**

(九)积极发展债券市场。完善公司债券公开发行制度。发展适合不同投资者群体的多样化债券品种。建立健全地方政府债券制度。丰富适合中小微企业的债券品种。统筹推进符合条件的资产证券化发展。支持和规范商业银行、证券经营机构、保险资产管理机构等合格机构依法开展债券承销业务。

(十)强化债券市场信用约束。规范发展债券市场信用评级服务。完善发行人信息披露制度,提高投资者风险识别能力,减少对外部评级的依赖。建立债券发行人信息共享机制。探索发展债券信用保险。完善债券增信机制,规范发展债券增信业务。强化发行人和投资者的责任约束,健全债券违约监测和处置机制,支持债券持有人会议维护债权人整体利益,切实防范道德风险。

(十一)深化债券市场互联互通。在符合投资者适当性管理要求的前提下,完善债券品种在不同市场的交叉挂牌及自主转托管机制,促进债券跨市场顺畅流转。鼓励债券交易场所合理分工、发挥各自优势。促进债券登记结算机构信息共享、顺畅连接,加强互联互通。提高债券市场信息系统、市场监察系统的运行效率,逐步强化对债券登记结算体系的统一管理,防范系统性风险。

(十二)加强债券市场监管协调。充分发挥公司信用类债券部际协调机制作用,各相关部门按照法律法规赋予的职责,各司其职,加强对债券市场准入、信息披露和资信评级的监管,建立投资者保护制度,加大查处债券市场虚假陈述、内幕交易、价格操纵等各类违法违规行为的力度。

**四、培育私募市场**

(十三)建立健全私募发行制度。建立合格投资者标准体系,明确各类产品私募发行的投资者适当性要求和面向同一类投资者的私募发行信息披露要求,规范募集行为。对私募发行不设行政审批,允许各类发行主体在依法合规的基础上,向累计不超过法律规定特定数量的投资者发行股票、债券、基金等产品。积极发挥证券中介机构、资产管理机构和有关市场组织的作用,建立健全私募产品发行监管制度,切实强化事中事后监管。建立促进经营机构规范开展私募业务的风险控制和自律管理制度安排,以及各类私募产品的统一监测系统。

(十四)发展私募投资基金。按照功能监管、适度监管的原则,完善股权投资基金、私募资产管理计划、私募集合理财产品、集合资金信托计划等各类私募投资产品的监管标准。依法严厉打击以私募为名的各类非法集资活动。完善扶持创业投资发展的政策体系,鼓励和引导创业投资基金支持中小微企业。研究制定保险资金投资创业投资基金的相关政策。完善围绕创新链需要的科技金融服务体系,创新科技金融产品和服务,促进战略性新兴产业发展。

**五、推进期货市场建设**

（十五）发展商品期货市场。以提升产业服务能力和配合资源性产品价格形成机制改革为重点,继续推出大宗资源性产品期货品种,发展商品期权、商品指数、碳排放权等交易工具,充分发挥期货市场价格发现和风险管理功能,增强期货市场服务实体经济的能力。允许符合条件的机构投资者以对冲风险为目的使用期货衍生品工具,清理取消对企业运用风险管理工具的不必要限制。

（十六）建设金融期货市场。配合利率市场化和人民币汇率形成机制改革,适应资本市场风险管理需要,平稳有序发展金融衍生产品。逐步丰富股指期货、股指期权和股票期权品种。逐步发展国债期货,进一步健全反映市场供求关系的国债收益率曲线。

**六、提高证券期货服务业竞争力**

（十七）放宽业务准入。实施公开透明、进退有序的证券期货业务牌照管理制度,研究证券公司、基金管理公司、期货公司、证券投资咨询公司等交叉持牌,支持符合条件的其他金融机构在风险隔离基础上申请证券期货业务牌照。积极支持民营资本进入证券期货服务业。支持证券期货经营机构与其他金融机构在风险可控前提下以相互控股、参股的方式探索综合经营。

（十八）促进中介机构创新发展。推动证券经营机构实施差异化、专业化、特色化发展,促进形成若干具有国际竞争力、品牌影响力和系统重要性的现代投资银行。促进证券投资基金管理公司向现代资产管理机构转型,提高财富管理水平。推动期货经营机构并购重组,提高行业集中度。支持证券期货经营机构拓宽融资渠道,扩大业务范围。在风险可控前提下,优化客户交易结算资金存管模式。支持证券期货经营机构、各类资产管理机构围绕风险管理、资本中介、投资融资等业务自主创设产品。规范发展证券期货经营机构柜台业务。对会计师事务所、资产评估机构、评级增信机构、法律服务机构开展证券期货相关服务强化监督,提升证券期货服务机构执业质量和公信力,打造功能齐备、分工专业、服务优质的金融服务产业。

(十九)壮大专业机构投资者。支持全国社会保障基金积极参与资本市场投资,支持社会保险基金、企业年金、职业年金、商业保险资金、境外长期资金等机构投资者资金逐步扩大资本市场投资范围和规模。推动商业银行、保险公司等设立基金管理公司,大力发展证券投资基金。

(二十)引导证券期货互联网业务有序发展。建立健全证券期货互联网业务监管规则。支持证券期货服务业、各类资产管理机构利用网络信息技术创新产品、业务和交易方式。支持有条件的互联网企业参与资本市场,促进互联网金融健康发展,扩大资本市场服务的覆盖面。

**七、扩大资本市场开放**

(二十一)便利境内外主体跨境投融资。扩大合格境外机构投资者、合格境内机构投资者的范围,提高投资额度与上限。稳步开放境外个人直接投资境内资本市场,有序推进境内个人直接投资境外资本市场。建立健全个人跨境投融资权益保护制度。在符合外商投资产业政策的范围内,逐步放宽外资持有上市公司股份的限制,完善对收购兼并行为的国家安全审查和反垄断审查制度。

(二十二)逐步提高证券期货行业对外开放水平。适时扩大外资参股或控股的境内证券期货经营机构的经营范围。鼓励境内证券期货经营机构实施"走出去"战略,增强国际竞争力。推动境内外交易所市场的连接,研究推进境内外基金互认和证券交易所产品互认。稳步探索B股市场改革。

(二十三)加强跨境监管合作。完善跨境监管合作机制,加大跨境执法协查力度,形成适应开放型资本市场体系的跨境监管制度。深化与香港、澳门特别行政区和台湾地区的监管合作。加强与国际证券期货监管组织的合作,积极参与国际证券期货监管规则制定。

**八、防范和化解金融风险**

（二十四）完善系统性风险监测预警和评估处置机制。建立健全宏观审慎管理制度。逐步建立覆盖各类金融市场、机构、产品、工具和交易结算行为的风险监测监控平台。完善风险管理措施，及时化解重大风险隐患。加强涵盖资本市场、货币市场、信托理财等领域的跨行业、跨市场、跨境风险监管。

（二十五）健全市场稳定机制。资本市场稳定关系经济发展和社会稳定大局。各地区、各部门在出台政策时要充分考虑资本市场的敏感性，做好新闻宣传和舆论引导工作。完善市场交易机制，丰富市场风险管理工具。建立健全金融市场突发事件快速反应和处置机制。健全稳定市场预期机制。

（二十六）从严查处证券期货违法违规行为。加强违法违规线索监测，提升执法反应能力。严厉打击证券期货违法犯罪行为。完善证券期货行政执法与刑事司法的衔接机制，深化证券期货监管部门与公安司法机关的合作。进一步加强执法能力，丰富行政调查手段，大幅改进执法效率，提高违法违规成本，切实提升执法效果。

（二十七）推进证券期货监管转型。加强全国集中统一的证券期货监管体系建设，依法规范监管权力运行，减少审批、核准、备案事项，强化事中事后监管，提高监管能力和透明度。支持市场自律组织履行职能。加强社会信用体系建设，完善资本市场诚信监管制度，强化守信激励、失信惩戒机制。

**九、营造资本市场良好发展环境**

（二十八）健全法规制度。推进证券法修订和期货法制定工作。出台上市公司监管、私募基金监管等行政法规。建立健全结构合理、内容科学、层级适当的法律实施规范体系，整合清理现行规章、规范性文件，完善监管执法实体和程序规则。重点围绕调查与审理分离、日常监管与稽查处罚协同等关键环节，积极探索完善监管执法体制和机制。配合完善民事赔偿法律制度,健全操纵市场等犯罪认定标准。

(二十九)坚决保护投资者特别是中小投资者合法权益。健全投资者适当性制度,严格投资者适当性管理。完善公众公司中小投资者投票和表决机制,优化投资者回报机制,健全多元化纠纷解决和投资者损害赔偿救济机制。督促证券投资基金等机构投资者参加上市公司业绩发布会,代表公众投资者行使权利。

(三十)完善资本市场税收政策。按照宏观调控政策和税制改革的总体方向,统筹研究有利于进一步促进资本市场健康发展的税收政策。

(三十一)完善市场基础设施。加强登记、结算、托管等公共基础设施建设。实现资本市场监管数据信息共享。推进资本市场信息系统建设,提高防范网络攻击、应对重大灾难与技术故障的能力。

(三十二)加强协调配合。健全跨部门监管协作机制。加强中小投资者保护工作的协调合作。各地区、各部门要加强与证券期货监管部门的信息共享与协同配合。出台支持资本市场扩大对外开放的外汇、海关监管政策。地方人民政府要规范各类区域性交易场所,打击各种非法证券期货活动,做好区域内金融风险防范和处置工作。

(三十三)规范资本市场信息传播秩序。各地区、各部门要严格管理涉及资本市场的内幕信息,确保信息发布公开公正、准确透明。健全资本市场政策发布和解读机制,创新舆论回应与引导方式。综合运用法律、行政、行业自律等方式,完善资本市场信息传播管理制度。依法严肃查处造谣、传谣以及炒作不实信息误导投资者和影响社会稳定的机构、个人。

国务院

2014 年 5 月 8 日

## 国家发展和改革委员会办公厅关于进一步做好支持创业投资企业发展相关工作的通知

### （发改办财金〔2014〕1044号）

各省、自治区、直辖市及计划单列市、副省级省会城市发展改革委,北京市金融工作局,福建省经贸委,深圳市金融办,中国投资协会:

为加强对《创业投资企业管理暂行办法》(发展改革委等十部委令〔2005〕第39号)的贯彻实施,做好创业投资企业相关工作,促进创业投资行业健康发展,加大对小微企业创新创业的支持力度,现将相关事项通知如下：

一、进一步简政放权。国家发展改革委不再承担创业投资企业的具体备案年检工作,将在国家工商行政管理总局注册登记的创业投资企业的备案管理职能,移交至创业投资企业注册所在地省级备案管理部门。承接地管理部门要做好管理职能转移的衔接工作。

二、积极发挥创业投资引导基金作用。各省级备案管理部门应依据《国务院办公厅转发发展改革委等部门关于创业投资引导基金规范设立与运作指导意见的通知》(国办发〔2008〕116号),加快设立和完善创业投资引导基金,吸引社会资本设立创业投资企业,促进小微企业发展和结构调整。

三、继续加大国家新兴产业创投计划实施力度。按照"市场运作、政府引导、规范管理、鼓励创新"的原则,鼓励新兴产业创投计划参股创业投资企业进一步加大对战略性新兴产业和高技术产业领域中小企业的投资力度。各省级备案管理部门要做好新兴产业创投计划参股创业投资企业的备案管理和服务工作。

四、支持符合条件的创业投资企业发行企业债券。加快审核专项用于投资小微企业的创业投资企业发债申请。支持符合条件的创业投资企业的股东或有限合伙人发行企业债券,用于投资创业投资企业。

五、推动支持创业投资发展政策有效落实。各省级备案管理部门应抓紧开展2014年度备案创业投资企业年检工作,并给予必要的经费保障支持。重点检查创业投资企业是否涉嫌二级市场投资等违规行为,在5月末以前完成对备案创业投资企业及其管理顾问机构的年度检查,并及时为年检合格创业投资企业出具证明文件,以确保其能够足额享受应纳税所得额抵扣、创业投资引导基金支持和豁免国有创业投资机构股权转持义务等优惠政策。

六、支持发展天使投资机构。鼓励符合条件的天使投资机构备案为创业投资企业,享受相应扶持政策。各地可结合实际情况研究制定促进天使投资发展的政策措施,积极发挥其在支持创新创业、扩大就业方面的积极作用。

七、进一步发挥行业协会作用。中国投资协会股权与创业投资专业委员会和各地创业投资协会要加强对创业投资企业的服务,各级备案管理部门应指导各级协会发挥好行业规范自律作用。

国家发展改革委办公厅<br>
2014 年 5 月 13 日

## 关于进一步明确国有金融企业直接股权投资有关资产管理问题的通知
### (财金〔2014〕31号)

各中央管理金融企业,各省、自治区、直辖市、计划单列市财政厅(局),新疆生产建设兵团财务局:

为进一步明确国有及国有控股金融企业(以下简称国有金融企业)直接股权投资

行为中涉及的资产管理事宜,规范相关股权资产的管理,厘清投资责任,确保国有金融资产安全和保值增值,根据国家有关法律、行政法规,现就国有金融企业开展直接股权投资涉及的有关资产管理问题通知如下:

一、本通知适用于国有金融企业,包括所有获得金融业务许可证的国有企业、国有金融控股公司、国有担保公司以及其他金融类国有企业。

本通知所称直接股权投资,是指国有金融企业依据《中华人民共和国公司法》、相关行业监管法律法规等规定,以自有资金和其他合法来源资金,通过对非公开发行上市企业股权进行的不以长期持有为目的、非控股财务投资的行为。

本通知所称投资机构,是指在中国境内外依法注册登记,从事直接股权投资的机构;所称专业服务机构,是指经国家有关部门认可,具有相应专业资质,为投资非上市企业股权提供投资咨询、财务审计、资产评估和法律意见等服务的机构。

二、国有金融企业开展直接股权投资业务,应当遵守法律、行政法规的规定,遵循稳健、安全原则,综合考虑效益和风险,建立完备的决策程序,审慎运作。直接股权投资项目应当符合国家产业、投资、宏观调控政策。

三、国有金融企业开展直接股权投资业务,可以按照监管规定组建内部投资管理团队实施,也可以通过委托外部投资机构管理运作。内部投资管理团队和受托外部投资机构应当符合监管部门要求的资质条件,建立完善的管理制度、决策流程和内控体系,设立资产托管和风险隔离机制。

四、国有金融企业通过内部投资管理团队开展直接股权投资业务的,应当按照风险控制的要求,规范完善决策程序和授权机制,确定股东(大)会、董事会和经营管理层的决策及批准权限,并根据投资方式、目标和规模等因素,做好相关制度安排。

五、国有金融企业开展直接股权投资,可以聘请符合相关资质条件的专业服务机构,提供尽职调查和估值、投资咨询及法律咨询等专业服务,对拟投资企业的经营资质、股权结构、财务状况、法律风险等进行清查、评价。

六、国有金融企业开展直接股权投资,应当根据拟投资项目的具体情况,采用国际通用的估值方法,对拟投资企业的投资价值进行评估,得出审慎合理的估值结果。估值方法包括:账面价值法、重置成本法、市场比较法、现金流量折现法以及倍数法等。

国有金融企业可以按照成本效益和效率原则,自主确定是否聘请专业机构对拟投资企业进行资产评估,资产评估结果由企业履行内部备案程序。

国有金融企业应参照估值结果或评估结果确定拟投资企业的底价,供投资决策参考。

七、国有金融企业开展直接股权投资,应当根据尽职调查情况、行业分析、财务分析、估值或评估结果,撰写投资项目分析报告,并按公司章程、管理协议等有关规定履行投资决策程序。决策层在对投资方案进行审核时,应着重考虑项目的投资成本、估值或评估结果、项目的预计收益、风险的可控性等因素,并结合自身的市场定位和经营情况统筹决策。

八、国有金融企业开展直接股权投资,应当加强项目投后管理,充分行使股东权利,通过向被投资企业提供综合增值服务,提高企业核心竞争力和市场价值。

进行直接股权投资所形成的不享有控股权的股权类资产,不属于金融类企业国有资产产权登记的范围,但国有金融企业应当建立完备的股权登记台账制度,并做好管理工作。

九、国有金融企业开展直接股权投资,应当建立有效的退出机制,包括:公开发行上市、并购重组、协议转让、股权回购等方式。

按照投资协议约定的价格和条件、以协议转让或股权回购方式退出的,按照公司章程的有关规定,由国有金融企业股东(大)会、董事会或其他机构自行决策,并办理股权转让手续；以其他方式进行股权转让的，遵照国有金融资产管理相关规定执行。

十、国有金融企业所投资企业通过公开发行上市方式退出的，应按国家有关规定履行国有股减转持义务。可豁免国有股转持义务的，应按相关规定向有关部门提出豁免申请。

十一、国有金融企业应当根据本通知要求，加强对直接股权投资业务的管理。各地方财政部门可依据本通知制定相关实施细则。

十二、本通知自印发之日起30日后施行。

财政部<br>
2014年6月6日

# 国家外汇管理局关于境内居民通过特殊目的公司境外投融资及返程投资外汇管理有关问题的通知

国家外汇管理局各省、自治区、直辖市分局、外汇管理部，深圳、大连、青岛、厦门、宁波市分局；各中资外汇指定银行：

为充分发挥市场在资源配置中的决定性作用，支持国家"走出去"战略的实施，充分利用国际国内两种资源、两个市场，进一步简化和便利境内居民通过特殊目的公司从事投融资活动所涉及的跨境资本交易，切实服务实体经济发展，有序提高跨境资本和金融交易可兑换程度，根据《中华人民共和国外汇管理条例》等规定，现就境内居民通过特殊目的公司境外投融资及返程投资外汇管理有关问题通知如下：

一、本通知所称"特殊目的公司"，是指境内居民（含境内机构和境内居民个人）以投融资为目的，以其合法持有的境内企业资产或权益，或者以其合法持有的境外资产或权益,在境外直接设立或间接控制的境外企业。

本通知所称"返程投资",是指境内居民直接或间接通过特殊目的公司对境内开展的直接投资活动,即通过新设、并购等方式在境内设立外商投资企业或项目(以下简称外商投资企业),并取得所有权、控制权、经营管理权等权益的行为。

本通知所称"境内机构",是指中国境内依法设立的企业事业法人以及其他经济组织;"境内居民个人"是指持有中国境内居民身份证、军人身份证件、武装警察身份证件的中国公民,以及虽无中国境内合法身份证件、但因经济利益关系在中国境内习惯性居住的境外个人。

本通知所称"控制",是指境内居民通过收购、信托、代持、投票权、回购、可转换债券等方式取得特殊目的公司的经营权、收益权或者决策权。

二、国家外汇管理局及其分支机构(以下简称外汇局)对境内居民设立特殊目的公司实行登记管理。境内居民个人设立的特殊目的公司登记及相关外汇管理,按本通知执行。境内机构设立的特殊目的公司登记及相关外汇管理,按现行规定和本通知执行。

三、境内居民以境内外合法资产或权益向特殊目的公司出资前,应向外汇局申请办理境外投资外汇登记手续。境内居民以境内合法资产或权益出资的,应向注册地外汇局或者境内企业资产或权益所在地外汇局申请办理登记;境内居民以境外合法资产或权益出资的,应向注册地外汇局或者户籍所在地外汇局申请办理登记。

境内居民个人应提交以下真实性证明材料办理境外投资外汇登记手续:

(一)书面申请与《境内居民个人境外投资外汇登记表》。

(二)个人身份证明文件。

(三)特殊目的公司登记注册文件及股东或实际控制人证明文件(如股东名册、认缴人名册等)。

（四）境内外企业权力机构同意境外投融资的决议书（企业尚未设立的，提供权益所有人同意境外投融资的书面说明）。

（五）境内居民个人直接或间接持有的拟境外投融资境内企业资产或权益，或者合法持有境外资产或权益的证明文件。

（六）在前述材料不能充分说明交易的真实性或申请材料之间的一致性时，要求提供的补充材料。

境内机构按《国家外汇管理局关于发布〈境内机构境外直接投资外汇管理规定〉的通知》（汇发〔2009〕30号）等相关规定办理境外投资外汇登记手续。

境内居民办理境外投资外汇登记后，方可办理后续业务。

四、境内居民及其设立的特殊目的公司，不得危害我国国家主权、安全和社会公共利益；不得违反我国法律法规；不得损害我国与有关国家（地区）关系；不得违反我国对外缔结的国际条约；不得涉及我国禁止出口的技术或产品。

境外特殊目的公司登记不具有证明其投融资行为已符合行业主管部门合法合规的效力。

五、已登记境外特殊目的公司发生境内居民个人股东、名称、经营期限等基本信息变更，或发生境内居民个人增资、减资、股权转让或置换、合并或分立等重要事项变更后，应及时到外汇局办理境外投资外汇变更登记手续。

境内居民境外投资外汇变更登记完成后，方可办理后续业务（含利润、红利汇回）。

六、非上市特殊目的公司以本企业股权或期权等为标的，对其直接或间接控制的境内企业的董事、监事、高级管理人员及其他与公司具有雇佣或劳动关系的员工进行权益激励的，相关境内居民个人在行权前可提交以下材料到外汇局申请办理特殊目的公司外汇登记手续：

（一）书面申请与《境内居民个人境外投资外汇登记表》。

（二）已登记的特殊目的公司的境外投资外汇业务登记凭证。

（三）相关境内企业出具的个人与其雇佣或劳动关系证明材料。

（四）特殊目的公司或其实际控制人出具的能够证明所涉权益激励真实性的证明材料。

（五）在前述材料不能充分说明交易的真实性或申请材料之间的一致性时，要求提供的补充材料。

境内居民个人参与境外上市公司股权激励计划按相关外汇管理规定办理。

七、特殊目的公司完成境外融资后，融资资金如调回境内使用的，应遵守中国外商投资和外债管理等相关规定。返程投资设立的外商投资企业应按照现行外商直接投资外汇管理规定办理相关外汇登记手续，并应如实披露股东的实际控制人等有关信息。

八、境内居民从特殊目的公司获得的利润、红利调回境内的，应按照经常项目外汇管理规定办理；资本变动外汇收入调回境内的，应按照资本项目外汇管理规定办理。

九、因转股、破产、解散、清算、经营期满、身份变更等原因造成境内居民不再持有已登记的特殊目的公司权益的，或者不再属于需要办理特殊目的公司登记的，应提交相关真实性证明材料及时到外汇局办理变更或注销登记手续。

十、境内居民直接或间接控制的境内企业，可在真实、合理需求的基础上按现行规定向其已登记的特殊目的公司放款。

十一、境内居民可在真实、合理需求的基础上购汇汇出资金用于特殊目的公司设立、股份回购或退市等。

十二、本通知实施前，境内居民以境内外合法资产或权益已向特殊目的公司出资但未按规定办理境外投资外汇登记的,境内居民应向外汇局出具说明函说明理由。外汇局根据合法性、合理性等原则办理补登记,对涉嫌违反外汇管理规定的,依法进行行政处罚。

十三、境内居民与境外特殊目的公司之间的跨境收支,应按现行规定办理国际收支统计申报。

十四、外汇局定期分析境内居民通过特殊目的公司境外投融资及返程投资整体情况,密切关注其对国际收支的影响,并加强对境内居民通过特殊目的公司境外投融资及返程投资的事中、事后监管。

十五、境内居民或其直接、间接控制的境内企业通过虚假或构造交易汇出资金用于特殊目的公司,外汇局根据《中华人民共和国外汇管理条例》第三十九条进行处罚。

境内居民未按规定办理相关外汇登记、未如实披露返程投资企业实际控制人信息、存在虚假承诺等行为,外汇局根据《中华人民共和国外汇管理条例》第四十八条第(五)项进行处罚。

在境内居民未按规定办理相关外汇登记、未如实披露返程投资企业实际控制人信息或虚假承诺的情况下,若发生资金流出,外汇局根据《中华人民共和国外汇管理条例》第三十九条进行处罚;若发生资金流入或结汇,根据《中华人民共和国外汇管理条例》第四十一条进行处罚。

境内居民与特殊目的公司相关跨境收支未按规定办理国际收支统计申报的,外汇局根据《中华人民共和国外汇管理条例》第四十八条第(一)项进行处罚。

十六、本通知自发布之日起实施。《国家外汇管理局关于境内居民通过境外特殊目的公司融资及返程投资外汇管理有关问题的通知》(汇发〔2005〕75号)同时废止。之前相关规定与本通知内容不一致的,以本通知为准。

国家外汇管理局各分局、外汇管理部接到本通知后,应及时转发辖内中心支局、支局、城市商业银行、农村商业银行、外资银行、农村合作银行；各中资银行接到通知后，应及时转发所辖各分支机构。执行中如遇问题，请及时向国家外汇管理局资本项目管理司反馈。

附件：1. 返程投资外汇管理所涉业务操作指引
2. 资本项目直接投资外汇业务申请表

国家外汇管理局<br>
2014年7月4日

（附件请登录国家外汇管理局网站查询）

## 国家税务总局关于加强股权转让企业所得税征管工作的通知

各省、自治区、直辖市和计划单列市国家税务局、地方税务局：

为加强股权转让企业所得税征收管理，公平税负，堵塞税收漏洞，提高企业所得税征管质量和效率，构建股权转让所得税管理的长效机制，现对加强股权转让企业所得税征管工作通知如下：

**一、高度重视股权交易所得税管理工作**

从我国资本市场的发展趋势看，股权投资和转让前景广阔，税源潜力很大，是社会财富分配的重要渠道，各地税务机关要强化对股权投资重要性的认识，充分发挥税收在资本市场发展过程中的职能作用。股权交易具有隐蔽性强、涉税数额大、税收易流失等特点，需要进一步加大企业所得税征管力度。既要继续对实体经济税源加强征管，也要对日益壮大的股权交易税源倾注更多的征管努力，建立健全征管机制，保障税负公平,提高税收征收率。

各地税务机关要在深入贯彻落实《国家税务总局关于加强企业所得税管理的意见》(国税发〔2008〕88号)和《国家税务总局关于加强企业所得税后续管理的指导意见》(税总发〔2013〕55号)的基础上,不断拓宽信息渠道,创新管理方式,提升管理效率,实现对股权转让所得税的全方位、多环节控管。

**二、建立健全股权转让信息获取机制**

(一)加强内部信息获取。

1. 强化企业股权转让年度纳税申报制度,严格审核年度纳税申报表及附表《股权投资所得(损失)明细表》,切实掌握纳税人股权转让详细信息,强化纳税人申报信息和第三方信息的比对。

2. 加强变更税务登记环节信息的获取,因股东变化办理变更税务登记的,应及时掌握股权转让合同或协议、转让价款、交易双方联系方式和主管税务机关等有效信息。

3. 建立国税局和地税局之间、股权转让方和受让方各自主管税务机关之间关于股权转让信息传递和沟通协调的工作机制,股权交易一方主管税务机关需要另一方主管税务机关协助核实相关股权交易信息的,另一方税务机关应及时协助核实。

(二)加强外部信息获取。

1. 继续加强税务、工商部门合作,全面贯彻落实《国家税务总局关于加强税务工商合作实现股权转让信息共享的通知》(国税发〔2011〕126号),推进建立后续信息交换常态化机制和具体操作办法,推进与全国企业信用信息公示系统信息共享,加强对有效信息的充分利用。

2. 建立规范的公开信息收集制度,充分利用上市公司公告、产权交易所网站信息、各大门户网站财经频道股权交易新闻等加强信息比对分析。

**三、创新股权转让所得税管理方式和手段**

（一）建立股权转让企业所得税管理台账,强化对股权转让方实现收入与受让方取得股权计税基础的逻辑审核,对股权转让实施链条式动态管理。

（二）对企业重组、清算等复杂的股权交易事项,实行专家团队集中式管理。

（三）加强信息化建设,将股权转让企业所得税管理纳入风险管理和后续管理的总体框架,嵌入统一的税收管理平台,形成征管合力。

**四、引导纳税人主动遵从**

（一）建立股权转让企业所得税政策确定性工作机制,统一政策执行口径,细化政策操作规程,畅通基层交流、反馈问题的渠道,定期跟踪政策执行效果,便于纳税人遵从和基层税务机关执行。

（二）从股权投资、分红、股权变更、重组、清算等环节入手,依法落实关于股权转让收入实现时点、金额确认、计税基础、转让所得计算等相关政策,将政策落实作为加强股权转让征管的切入点和风险关注点。

（三）重点排查以下风险点:以非货币性资产进行股权投资;取得持有不满12个月的权益性投资收益;集团内部之间股权无偿划转;股权转让价格偏低的交易;转移至低税率地区的股权转让等。上述交易造成所得税款流失的,税务机关有权依法按照合理方法进行调整。

**五、构建股权转让所得税管理的长效机制**

各地税务机关应坚持并发扬在股权转让征管方面行之有效的好做法、好经验,进一步规范税务工商信息共享、信息梳理清分、股权变更登记税收前置管理和股权转让所得税分类管理等工作,扎实推进股权转让所得税管理工作。要对股权转让交易定期检查、加强评估,及时发现问题,完善征管措施,将加强股权转让所得税征管工作作为堵漏增收的重要抓手和建设稳健、可持续的主体税源的常规化、制度化手段。

国家税务总局<br>
2014 年 7 月 8 日

## 私募投资基金监督管理暂行办法

### 第一章 总 则

第一条 为了规范私募投资基金活动,保护投资者及相关当事人的合法权益,促进私募投资基金行业健康发展,根据《证券投资基金法》、《国务院关于进一步促进资本市场健康发展的若干意见》,制定本办法。

第二条 本办法所称私募投资基金(以下简称私募基金),是指在中华人民共和国境内,以非公开方式向投资者募集资金设立的投资基金。

私募基金财产的投资包括买卖股票、股权、债券、期货、期权、基金份额及投资合同约定的其他投资标的。

非公开募集资金,以进行投资活动为目的设立的公司或者合伙企业,资产由基金管理人或者普通合伙人管理的,其登记备案、资金募集和投资运作适用本办法。

证券公司、基金管理公司、期货公司及其子公司从事私募基金业务适用本办法,其他法律法规和中国证券监督管理委员会(以下简称中国证监会)有关规定对上述机构从事私募基金业务另有规定的,适用其规定。

第三条 从事私募基金业务,应当遵循自愿、公平、诚实信用原则,维护投资者合法权益,不得损害国家利益和社会公共利益。

第四条 私募基金管理人和从事私募基金托管业务的机构(以下简称私募基金

托管人)管理、运用私募基金财产,从事私募基金销售业务的机构(以下简称私募基金销售机构)及其他私募服务机构从事私募基金服务活动,应当恪尽职守,履行诚实信用、谨慎勤勉的义务。

私募基金从业人员应当遵守法律、行政法规,恪守职业道德和行为规范。

第五条 中国证监会及其派出机构依照《证券投资基金法》、本办法和中国证监会的其他有关规定,对私募基金业务活动实施监督管理。

设立私募基金管理机构和发行私募基金不设行政审批,允许各类发行主体在依法合规的基础上,向累计不超过法律规定数量的投资者发行私募基金。建立健全私募基金发行监管制度,切实强化事中事后监管,依法严厉打击以私募基金为名的各类非法集资活动。

建立促进经营机构规范开展私募基金业务的风险控制和自律管理制度,以及各类私募基金的统一监测系统。

第六条 中国证券投资基金业协会(以下简称基金业协会)依照《证券投资基金法》、本办法、中国证监会其他有关规定和基金业协会自律规则,对私募基金业开展行业自律,协调行业关系,提供行业服务,促进行业发展。

## 第二章 登记备案

第七条 各类私募基金管理人应当根据基金业协会的规定,向基金业协会申请登记,报送以下基本信息:

(一)工商登记和营业执照正副本复印件;

(二)公司章程或者合伙协议;

(三)主要股东或者合伙人名单;

(四)高级管理人员的基本信息;

(五)基金业协会规定的其他信息。

基金业协会应当在私募基金管理人登记材料齐备后的 20 个工作日内,通过网站公告私募基金管理人名单及其基本情况的方式,为私募基金管理人办结登记手续。

第八条　各类私募基金募集完毕,私募基金管理人应当根据基金业协会的规定,办理基金备案手续,报送以下基本信息:

(一)主要投资方向及根据主要投资方向注明的基金类别;

(二)基金合同、公司章程或者合伙协议。资金募集过程中向投资者提供基金招募说明书的,应当报送基金招募说明书。以公司、合伙等企业形式设立的私募基金,还应当报送工商登记和营业执照正副本复印件;

(三)采取委托管理方式的,应当报送委托管理协议。委托托管机构托管基金财产的,还应当报送托管协议;

(四)基金业协会规定的其他信息。

基金业协会应当在私募基金备案材料齐备后的 20 个工作日内,通过网站公告私募基金名单及其基本情况的方式,为私募基金办结备案手续。

第九条　基金业协会为私募基金管理人和私募基金办理登记备案不构成对私募基金管理人投资能力、持续合规情况的认可;不作为对基金财产安全的保证。

第十条　私募基金管理人依法解散、被依法撤销或者被依法宣告破产的,其法定代表人或者普通合伙人应当在 20 个工作日内向基金业协会报告,基金业协会应当及时注销基金管理人登记并通过网站公告。

### 第三章　合格投资者

第十一条　私募基金应当向合格投资者募集,单只私募基金的投资者人数累计不得超过《证券投资基金法》《公司法》《合伙企业法》等法律规定的特定数量。

投资者转让基金份额的,受让人应当为合格投资者且基金份额受让后投资者人数应当符合前款规定。

第十二条　私募基金的合格投资者是指具备相应风险识别能力和风险承担能力，投资于单只私募基金的金额不低于100万元且符合下列相关标准的单位和个人：

（一）净资产不低于1 000万元的单位；

（二）金融资产不低于300万元或者最近三年个人年均收入不低于50万元的个人。

前款所称金融资产包括银行存款、股票、债券、基金份额、资产管理计划、银行理财产品、信托计划、保险产品、期货权益等。

第十三条　下列投资者视为合格投资者：

（一）社会保障基金、企业年金等养老基金，慈善基金等社会公益基金；

（二）依法设立并在基金业协会备案的投资计划；

（三）投资于所管理私募基金的私募基金管理人及其从业人员；

（四）中国证监会规定的其他投资者。

以合伙企业、契约等非法人形式，通过汇集多数投资者的资金直接或者间接投资于私募基金的，私募基金管理人或者私募基金销售机构应当穿透核查最终投资者是否为合格投资者，并合并计算投资者人数。但是，符合本条第（一）、（二）、（四）项规定的投资者投资私募基金的，不再穿透核查最终投资者是否为合格投资者和合并计算投资者人数。

## 第四章　资金募集

第十四条　私募基金管理人、私募基金销售机构不得向合格投资者之外的单位和个人募集资金，不得通过报刊、电台、电视、互联网等公众传播媒体或者讲座、报告会、分析会和布告、传单、手机短信、微信、博客和电子邮件等方式，向不特定对象宣传推介。

第十五条　私募基金管理人、私募基金销售机构不得向投资者承诺投资本金不受损失或者承诺最低收益。

第十六条　私募基金管理人自行销售私募基金的,应当采取问卷调查等方式,对投资者的风险识别能力和风险承担能力进行评估,由投资者书面承诺符合合格投资者条件;应当制作风险揭示书,由投资者签字确认。

私募基金管理人委托销售机构销售私募基金的,私募基金销售机构应当采取前款规定的评估、确认等措施。

投资者风险识别能力和承担能力问卷及风险揭示书的内容与格式指引,由基金业协会按照不同类别私募基金的特点制定。

第十七条　私募基金管理人自行销售或者委托销售机构销售私募基金,应当自行或者委托第三方机构对私募基金进行风险评级,向风险识别能力和风险承担能力相匹配的投资者推介私募基金。

第十八条　投资者应当如实填写风险识别能力和承担能力问卷,如实承诺资产或者收入情况,并对其真实性、准确性和完整性负责。填写虚假信息或者提供虚假承诺文件的,应当承担相应责任。

第十九条　投资者应当确保投资资金来源合法,不得非法汇集他人资金投资私募基金。

## 第五章　投资运作

第二十条　募集私募证券基金,应当制定并签订基金合同、公司章程或者合伙协议(以下统称基金合同)。基金合同应当符合《证券投资基金法》第九十三条、第九十四条规定。

募集其他种类私募基金,基金合同应当参照《证券投资基金法》第九十三条、第九十四条规定,明确约定各方当事人的权利、义务和相关事宜。

第二十一条　除基金合同另有约定外,私募基金应当由基金托管人托管。

基金合同约定私募基金不进行托管的,应当在基金合同中明确保障私募基金财产安全的制度措施和纠纷解决机制。

第二十二条 同一私募基金管理人管理不同类别私募基金的,应当坚持专业化管理原则;管理可能导致利益输送或者利益冲突的不同私募基金的,应当建立防范利益输送和利益冲突的机制。

第二十三条 私募基金管理人、私募基金托管人、私募基金销售机构及其他私募服务机构及其从业人员从事私募基金业务,不得有以下行为:

(一)将其固有财产或者他人财产混同于基金财产从事投资活动;

(二)不公平地对待其管理的不同基金财产;

(三)利用基金财产或者职务之便,为本人或者投资者以外的人牟取利益,进行利益输送;

(四)侵占、挪用基金财产;

(五)泄露因职务便利获取的未公开信息,利用该信息从事或者明示、暗示他人从事相关的交易活动;

(六)从事损害基金财产和投资者利益的投资活动;

(七)玩忽职守,不按照规定履行职责;

(八)从事内幕交易、操纵交易价格及其他不正当交易活动;

(九)法律、行政法规和中国证监会规定禁止的其他行为。

第二十四条 私募基金管理人、私募基金托管人应当按照合同约定,如实向投资者披露基金投资、资产负债、投资收益分配、基金承担的费用和业绩报酬、可能存在的利益冲突情况以及可能影响投资者合法权益的其他重大信息,不得隐瞒或者提供虚假信息。信息披露规则由基金业协会另行制定。

第二十五条 私募基金管理人应当根据基金业协会的规定,及时填报并定期更新管理人及其从业人员的有关信息、所管理私募基金的投资运作情况和杠杆运用情况,保证所填报内容真实、准确、完整。发生重大事项的,应当在 10 个工作日内向基金业协会报告。

私募基金管理人应当于每个会计年度结束后的 4 个月内,向基金业协会报送经会计师事务所审计的年度财务报告和所管理私募基金年度投资运作基本情况。

第二十六条 私募基金管理人、私募基金托管人及私募基金销售机构应当妥善保存私募基金投资决策、交易和投资者适当性管理等方面的记录及其他相关资料,保存期限自基金清算终止之日起不得少于 10 年。

## 第六章 行业自律

第二十七条 基金业协会应当建立私募基金管理人登记、私募基金备案管理信息系统。

基金业协会应当对私募基金管理人和私募基金信息严格保密。除法律法规另有规定外,不得对外披露。

第二十八条 基金业协会应当建立与中国证监会及其派出机构和其他相关机构的信息共享机制,定期汇总分析私募基金情况,及时提供私募基金相关信息。

第二十九条 基金业协会应当制定和实施私募基金行业自律规则,监督、检查会员及其从业人员的执业行为。

会员及其从业人员违反法律、行政法规、本办法规定和基金业协会自律规则的,基金业协会可以视情节轻重,采取自律管理措施,并通过网站公开相关违法违规信息。会员及其从业人员涉嫌违法违规的,基金业协会应当及时报告中国证监会。

第三十条 基金业协会应当建立投诉处理机制,受理投资者投诉,进行纠纷调解。

## 第七章 监督管理

第三十一条 中国证监会及其派出机构依法对私募基金管理人、私募基金托管人、私募基金销售机构及其他私募服务机构开展私募基金业务情况进行统计监测和检查,依照《证券投资基金法》第一百一十四条规定采取有关措施。

第三十二条 中国证监会将私募基金管理人、私募基金托管人、私募基金销售机构及其他私募服务机构及其从业人员诚信信息记入证券期货市场诚信档案数据库;根据私募基金管理人的信用状况,实施差异化监管。

第三十三条 私募基金管理人、私募基金托管人、私募基金销售机构及其他私募服务机构及其从业人员违反法律、行政法规及本办法规定,中国证监会及其派出机构可以对其采取责令改正、监管谈话、出具警示函、公开谴责等行政监管措施。

## 第八章 关于创业投资基金的特别规定

第三十四条 本办法所称创业投资基金,是指主要投资于未上市创业企业普通股或者依法可转换为普通股的优先股、可转换债券等权益的股权投资基金。

第三十五条 鼓励和引导创业投资基金投资创业早期的小微企业。

享受国家财政税收扶持政策的创业投资基金,其投资范围应当符合国家相关规定。

第三十六条 基金业协会在基金管理人登记、基金备案、投资情况报告要求和会员管理等环节,对创业投资基金采取区别于其他私募基金的差异化行业自律,并提供差异化会员服务。

第三十七条 中国证监会及其派出机构对创业投资基金在投资方向检查等环节,采取区别于其他私募基金的差异化监督管理;在账户开立、发行交易和投资退出等方面,为创业投资基金提供便利服务。

## 第九章 法律责任

第三十八条 私募基金管理人、私募基金托管人、私募基金销售机构及其他私募服务机构及其从业人员违反本办法第七条、第八条、第十一条、第十四条至第十七条、第二十四条至第二十六条规定的,以及有本办法第二十三条第一项至第七项和第九项所列行为之一的,责令改正,给予警告并处三万元以下罚款;对直接负责的主管人员和其他直接责任人员,给予警告并处三万元以下罚款;有本办法第二十三条第八项行为的,按照《证券法》和《期货交易管理条例》的有关规定处罚;构成犯罪的,依法移交司法机关追究刑事责任。

第三十九条 私募基金管理人、私募基金托管人、私募基金销售机构及其他私募服务机构及其从业人员违反法律法规和本办法规定,情节严重的,中国证监会可以依法对有关责任人员采取市场禁入措施。

第四十条 私募证券基金管理人及其从业人员违反《证券投资基金法》有关规定的,按照《证券投资基金法》有关规定处罚。

## 第十章 附 则

第四十一条 本办法自公布之日起施行。

# 国务院关于创新重点领域投融资机制鼓励社会投资的指导意见

## (国发〔2014〕60号)

各省、自治区、直辖市人民政府,国务院各部委、各直属机构:

为推进经济结构战略性调整,加强薄弱环节建设,促进经济持续健康发展,迫切需要在公共服务、资源环境、生态建设、基础设施等重点领域进一步创新投融资机制,充分发挥社会资本特别是民间资本的积极作用。为此,特提出以下意见。

**一、总体要求**

（一）指导思想。全面贯彻落实党的十八大和十八届三中、四中全会精神，按照党中央、国务院决策部署，使市场在资源配置中起决定性作用和更好发挥政府作用，打破行业垄断和市场壁垒，切实降低准入门槛，建立公平开放透明的市场规则，营造权利平等、机会平等、规则平等的投资环境，进一步鼓励社会投资特别是民间投资，盘活存量、用好增量，调结构、补短板，服务国家生产力布局，促进重点领域建设，增加公共产品有效供给。

（二）基本原则。实行统一市场准入，创造平等投资机会；创新投资运营机制，扩大社会资本投资途径；优化政府投资使用方向和方式，发挥引导带动作用；创新融资方式，拓宽融资渠道；完善价格形成机制，发挥价格杠杆作用。

**二、创新生态环保投资运营机制**

（三）深化林业管理体制改革。推进国有林区和国有林场管理体制改革，完善森林经营和采伐管理制度，开展森林科学经营。深化集体林权制度改革，稳定林权承包关系，放活林地经营权，鼓励林权依法规范流转。鼓励荒山荒地造林和退耕还林林地林权依法流转。减免林权流转税费，有效降低流转成本。

（四）推进生态建设主体多元化。在严格保护森林资源的前提下，鼓励社会资本积极参与生态建设和保护，支持符合条件的农民合作社、家庭农场（林场）、专业大户、林业企业等新型经营主体投资生态建设项目。对社会资本利用荒山荒地进行植树造林的，在保障生态效益、符合土地用途管制要求的前提下，允许发展林下经济、森林旅游等生态产业。

（五）推动环境污染治理市场化。在电力、钢铁等重点行业以及开发区（工业园区）污染治理等领域，大力推行环境污染第三方治理，通过委托治理服务、托管运营服务等方式，由排污企业付费购买专业环境服务公司的治污减排服务，提高污染治理的产业化、专业化程度。稳妥推进政府向社会购买环境监测服务。建立重点行业第三方治污企业推荐制度。

（六）积极开展排污权、碳排放权交易试点。推进排污权有偿使用和交易试点，建立排污权有偿使用制度，规范排污权交易市场，鼓励社会资本参与污染减排和排污权交易。加快调整主要污染物排污费征收标准，实行差别化排污收费政策。加快在国内试行碳排放权交易制度，探索森林碳汇交易，发展碳排放权交易市场，鼓励和支持社会投资者参与碳配额交易，通过金融市场发现价格的功能，调整不同经济主体利益，有效促进环保和节能减排。

**三、鼓励社会资本投资运营农业和水利工程**

（七）培育农业、水利工程多元化投资主体。支持农民合作社、家庭农场、专业大户、农业企业等新型经营主体投资建设农田水利和水土保持设施。允许财政补助形成的小型农田水利和水土保持工程资产由农业用水合作组织持有和管护。鼓励社会资本以特许经营、参股控股等多种形式参与具有一定收益的节水供水重大水利工程建设运营。社会资本愿意投入的重大水利工程，要积极鼓励社会资本投资建设。

（八）保障农业、水利工程投资合理收益。社会资本投资建设或运营管理农田水利、水土保持设施和节水供水重大水利工程的，与国有、集体投资项目享有同等政策待遇，可以依法获取供水水费等经营收益；承担公益性任务的，政府可对工程建设投资、维修养护和管护经费等给予适当补助，并落实优惠政策。社会资本投资建设或运营管理农田水利设施、重大水利工程等，可依法继承、转让、转租、抵押其相关权益；征收、征用或占用的，要按照国家有关规定给予补偿或者赔偿。

（九）通过水权制度改革吸引社会资本参与水资源开发利用和保护。加快建立水权制度，培育和规范水权交易市场，积极探索多种形式的水权交易流转方式，允许各地通过水权交易满足新增合理用水需求。鼓励社会资本通过参与节水供水重大水利工程投资建设等方式优先获得新增水资源使用权。

（十）完善水利工程水价形成机制。深入开展农业水价综合改革试点，进一步促进农业节水。水利工程供非农业用水价格按照补偿成本、合理收益、优质优价、公平负担的原则合理制定，并根据供水成本变化及社会承受能力等适时调整，推行两部制水利工程水价和丰枯季节水价。价格调整不到位时，地方政府可根据实际情况安排财政性资金，对运营单位进行合理补偿。

**四、推进市政基础设施投资运营市场化**

（十一）改革市政基础设施建设运营模式。推动市政基础设施建设运营事业单位向独立核算、自主经营的企业化管理转变。鼓励打破以项目为单位的分散运营模式，实行规模化经营，降低建设和运营成本，提高投资效益。推进市县、乡镇和村级污水收集和处理、垃圾处理项目按行业"打包"投资和运营，鼓励实行城乡供水一体化、厂网一体投资和运营。

（十二）积极推动社会资本参与市政基础设施建设运营。通过特许经营、投资补助、政府购买服务等多种方式，鼓励社会资本投资城镇供水、供热、燃气、污水垃圾处理、建筑垃圾资源化利用和处理、城市综合管廊、公园配套服务、公共交通、停车设施等市政基础设施项目，政府依法选择符合要求的经营者。政府可采用委托经营或转让—经营—转让（TOT）等方式，将已经建成的市政基础设施项目转交给社会资本运营管理。

（十三）加强县城基础设施建设。按照新型城镇化发展的要求，把有条件的县城和重点镇发展为中小城市，支持基础设施建设，增强吸纳农业转移人口的能力。选择若干具有产业基础、特色资源和区位优势的县城和重点镇推行试点，加大对市政基础设施建设运营引入市场机制的政策支持力度。

（十四）完善市政基础设施价格机制。加快改进市政基础设施价格形成、调整和补偿机制,使经营者能够获得合理收益。实行上下游价格调整联动机制,价格调整不到位时,地方政府可根据实际情况安排财政性资金对企业运营进行合理补偿。

**五、改革完善交通投融资机制**

(十五)加快推进铁路投融资体制改革。用好铁路发展基金平台,吸引社会资本参与,扩大基金规模。充分利用铁路土地综合开发政策,以开发收益支持铁路发展。按照市场化方向,不断完善铁路运价形成机制。向地方政府和社会资本放开城际铁路、市域(郊)铁路、资源开发性铁路和支线铁路的所有权、经营权。按照构建现代企业制度的要求,保障投资者权益,推进蒙西至华中、长春至西巴彦花铁路等引进民间资本的示范项目实施。鼓励按照"多式衔接、立体开发、功能融合、节约集约"的原则,对城市轨道交通站点周边、车辆段上盖进行土地综合开发,吸引社会资本参与城市轨道交通建设。

(十六)完善公路投融资模式。建立完善政府主导、分级负责、多元筹资的公路投融资模式,完善收费公路政策,吸引社会资本投入,多渠道筹措建设和维护资金。逐步建立高速公路与普通公路统筹发展机制,促进普通公路持续健康发展。

(十七)鼓励社会资本参与水运、民航基础设施建设。探索发展"航电结合"等投融资模式,按相关政策给予投资补助,鼓励社会资本投资建设航电枢纽。鼓励社会资本投资建设港口、内河航运设施等。积极吸引社会资本参与盈利状况较好的枢纽机场、干线机场以及机场配套服务设施等投资建设,拓宽机场建设资金来源。

**六、鼓励社会资本加强能源设施投资**

(十八)鼓励社会资本参与电力建设。在做好生态环境保护、移民安置和确保工程安全的前提下,通过业主招标等方式,鼓励社会资本投资常规水电站和抽水蓄能电站。在确保具备核电控股资质主体承担核安全责任的前提下,引入社会资本参与核电项目投资,鼓励民间资本进入核电设备研制和核电服务领域。鼓励社会资本投资建设风光电、生物质能等清洁能源项目和背压式热电联产机组,进入清洁高效煤电项目建设、燃煤电厂节能减排升级改造领域。

(十九)鼓励社会资本参与电网建设。积极吸引社会资本投资建设跨区输电通道、区域主干电网完善工程和大中城市配电网工程。将海南联网Ⅱ回线路和滇西北送广东特高压直流输电工程等项目作为试点,引入社会资本。鼓励社会资本投资建设分布式电源并网工程、储能装置和电动汽车充换电设施。

(二十)鼓励社会资本参与油气管网、储存设施和煤炭储运建设运营。支持民营企业、地方国有企业等参股建设油气管网主干线、沿海液化天然气(LNG)接收站、地下储气库、城市配气管网和城市储气设施,控股建设油气管网支线、原油和成品油商业储备库。鼓励社会资本参与铁路运煤干线和煤炭储配体系建设。国家规划确定的石化基地炼化一体化项目向社会资本开放。

(二十一)理顺能源价格机制。进一步推进天然气价格改革,2015年实现存量气和增量气价格并轨,逐步放开非居民用天然气气源价格,落实页岩气、煤层气等非常规天然气价格市场化政策。尽快出台天然气管道运输价格政策。按照合理成本加合理利润的原则,适时调整煤层气发电、余热余压发电上网标杆电价。推进天然气分布式能源冷、热、电价格市场化。完善可再生能源发电价格政策,研究建立流域梯级效益补偿机制,适时调整完善燃煤发电机组环保电价政策。

**七、推进信息和民用空间基础设施投资主体多元化**

(二十二)鼓励电信业进一步向民间资本开放。进一步完善法律法规,尽快修订电信业务分类目录。研究出台具体试点办法,鼓励和引导民间资本投资宽带接入网络建设和业务运营,大力发展宽带用户。推进民营企业开展移动通信转售业务试点工作,促进业务创新发展。

(二十三)吸引民间资本加大信息基础设施投资力度。支持基础电信企业引入民间战略投资者。推动中国铁塔股份有限公司引入民间资本,实现混合所有制发展。

(二十四)鼓励民间资本参与国家民用空间基础设施建设。完善民用遥感卫星数据政策,加强政府采购服务,鼓励民间资本研制、发射和运营商业遥感卫星,提供市场化、专业化服务。引导民间资本参与卫星导航地面应用系统建设。

**八、鼓励社会资本加大社会事业投资力度**

(二十五)加快社会事业公立机构分类改革。积极推进养老、文化、旅游、体育等领域符合条件的事业单位,以及公立医院资源丰富地区符合条件的医疗事业单位改制,为社会资本进入创造条件,鼓励社会资本参与公立机构改革。将符合条件的国有单位培训疗养机构转变为养老机构。

(二十六)鼓励社会资本加大社会事业投资力度。通过独资、合资、合作、联营、租赁等途径,采取特许经营、公建民营、民办公助等方式,鼓励社会资本参与教育、医疗、养老、体育健身、文化设施建设。尽快出台鼓励社会力量兴办教育、促进民办教育健康发展的意见。各地在编制城市总体规划、控制性详细规划以及有关专项规划时,要统筹规划、科学布局各类公共服务设施。各级政府逐步扩大教育、医疗、养老、体育健身、文化等政府购买服务范围,各类经营主体平等参与。将符合条件的各类医疗机构纳入医疗保险定点范围。

(二十七)完善落实社会事业建设运营税费优惠政策。进一步完善落实非营利性教育、医疗、养老、体育健身、文化机构税收优惠政策。对非营利性医疗、养老机构建设一律免征有关行政事业性收费,对营利性医疗、养老机构建设一律减半征收有关行政事业性收费。

(二十八)改进社会事业价格管理政策。民办教育、医疗机构用电、用水、用气、用热,执行与公办教育、医疗机构相同的价格政策。养老机构用电、用水、用气、用热,按居民生活类价格执行。除公立医疗、养老机构提供的基本服务按照政府规定的价格政策执行外,其他医疗、养老服务实行经营者自主定价。营利性民办学校收费实行自主定价,非营利性民办学校收费政策由地方政府按照市场化方向根据当地实际情况确定。

**九、建立健全政府和社会资本合作(PPP)机制**

(二十九)推广政府和社会资本合作(PPP)模式。认真总结经验,加强政策引导,在公共服务、资源环境、生态保护、基础设施等领域,积极推广PPP模式,规范选择项目合作伙伴,引入社会资本,增强公共产品供给能力。政府有关部门要严格按照预算管理有关法律法规,完善财政补贴制度,切实控制和防范财政风险。健全PPP模式的法规体系,保障项目顺利运行。鼓励通过PPP方式盘活存量资源,变现资金要用于重点领域建设。

(三十)规范合作关系保障各方利益。政府有关部门要制定管理办法,尽快发布标准合同范本,对PPP项目的业主选择、价格管理、回报方式、服务标准、信息披露、违约处罚、政府接管以及评估论证等进行详细规定,规范合作关系。平衡好社会公众与投资者利益关系,既要保障社会公众利益不受损害,又要保障经营者合法权益。

(三十一)健全风险防范和监督机制。政府和投资者应对PPP项目可能产生的政策风险、商业风险、环境风险、法律风险等进行充分论证,完善合同设计,健全纠纷解决和风险防范机制。建立独立、透明、可问责、专业化的PPP项目监管体系,形成由政府监管部门、投资者、社会公众、专家、媒体等共同参与的监督机制。

(三十二)健全退出机制。政府要与投资者明确PPP项目的退出路径,保障项目持续稳定运行。项目合作结束后,政府应组织做好接管工作,妥善处理投资回收、资产处理等事宜。

**十、充分发挥政府投资的引导带动作用**

(三十三)优化政府投资使用方向。政府投资主要投向公益性和基础性建设。

对鼓励社会资本参与的生态环保、农林水利、市政基础设施、社会事业等重点领域，政府投资可根据实际情况给予支持，充分发挥政府投资"四两拨千斤"的引导带动作用。

（三十四）改进政府投资使用方式。在同等条件下，政府投资优先支持引入社会资本的项目，根据不同项目情况，通过投资补助、基金注资、担保补贴、贷款贴息等方式，支持社会资本参与重点领域建设。抓紧制定政府投资支持社会投资项目的管理办法，规范政府投资安排行为。

**十一、创新融资方式拓宽融资渠道**

（三十五）探索创新信贷服务。支持开展排污权、收费权、集体林权、特许经营权、购买服务协议预期收益、集体土地承包经营权质押贷款等担保创新类贷款业务。探索利用工程供水、供热、发电、污水垃圾处理等预期收益质押贷款，允许利用相关收益作为还款来源。鼓励金融机构对民间资本举办的社会事业提供融资支持。

（三十六）推进农业金融改革。探索采取信用担保和贴息、业务奖励、风险补偿、费用补贴、投资基金，以及互助信用、农业保险等方式，增强农民合作社、家庭农场（林场）、专业大户、农林业企业的贷款融资能力和风险抵御能力。

（三十七）充分发挥政策性金融机构的积极作用。在国家批准的业务范围内，加大对公共服务、生态环保、基础设施建设项目的支持力度。努力为生态环保、农林水利、中西部铁路和公路、城市基础设施等重大工程提供长期稳定、低成本的资金支持。

（三十八）鼓励发展支持重点领域建设的投资基金。大力发展股权投资基金和创业投资基金，鼓励民间资本采取私募等方式发起设立主要投资于公共服务、生态环保、基础设施、区域开发、战略性新兴产业、先进制造业等领域的产业投资基金。政府可以使用包括中央预算内投资在内的财政性资金，通过认购基金份额等方式予以支持。

（三十九）支持重点领域建设项目开展股权和债权融资。大力发展债权投资计划、股权投资计划、资产支持计划等融资工具，延长投资期限，引导社保资金、保险资金等用于收益稳定、回收期长的基础设施和基础产业项目。支持重点领域建设项目采用企业债券、项目收益债券、公司债券、中期票据等方式通过债券市场筹措投资资金。推动铁路、公路、机场等交通项目建设企业应收账款证券化。建立规范的地方政府举债融资机制，支持地方政府依法依规发行债券，用于重点领域建设。

创新重点领域投融资机制对稳增长、促改革、调结构、惠民生具有重要作用。各地区、各有关部门要从大局出发，进一步提高认识，加强组织领导，健全工作机制，协调推动重点领域投融资机制创新。各地政府要结合本地实际，抓紧制定具体实施细则，确保各项措施落到实处。国务院各有关部门要严格按照分工，抓紧制定相关配套措施，加快重点领域建设，同时要加强宣传解读，让社会资本了解参与方式、运营方式、盈利模式、投资回报等相关政策，进一步稳定市场预期，充分调动社会投资积极性，切实发挥好投资对经济增长的关键作用。发展改革委要会同有关部门加强对本指导意见落实情况的督促检查，重大问题及时向国务院报告。

附件：重点政策措施文件分工方案

国务院<br>2014 年 11 月 16 日

（附件请参见政府网站）

# 中国保监会关于保险资金投资创业投资基金有关事项的通知

## (保监发〔2014〕101号)

各保险集团(控股)公司、保险公司、保险资产管理公司:

为贯彻落实《国务院关于加快发展现代保险服务业的若干意见》(国发〔2014〕29号)精神,规范保险资金投资创业投资基金行为,支持科技型企业、小微企业、战略性新兴产业发展,防范投资风险,根据《保险资金运用管理暂行办法》等监管规定,现将有关事项通知如下:

一、本通知所称创业投资基金,是指依法设立并由符合条件的基金管理机构管理,主要投资创业企业普通股或者依法可转换为普通股的优先股、可转换债券等权益的股权投资基金。

本通知所称创业企业,是指处于初创期至成长初期,或者所处产业已进入成长初期但尚不具备成熟发展模式的未上市企业。

二、保险资金可以投资创业投资基金。保险资金投资创业投资基金的基金管理机构应当符合下列条件:

(一)依法设立,公司治理、内控机制和管理制度健全有效,具有5年以上创业投资管理经验,历史业绩优秀,累计管理创业投资资产规模不低于10亿元;

(二)为创业投资基金配备专属且稳定的管理团队,拥有不少于5名专业投资人员,成功退出的创业投资项目合计不少于10个,至少3名专业投资人员共同工作满5年;投资决策人员具备5年以上创业投资管理经验,其中至少2人具有3年以上企业管理运营经验;

(三)建立激励约束机制、跟进投资机制、资产托管机制和风险隔离机制,管理的不同资产之间不存在利益冲突;

（四）接受中国保监会涉及保险资金投资的质询，并报告有关情况；

（五）最近三年不存在重大违法违规行为。

三、保险资金投资的创业投资基金，应当不是基金管理机构管理的首只创业投资基金，且符合下列条件：

（一）所投创业企业在境内依法设立，符合国家产业政策，具有优秀的管理团队和较强的成长潜力，企业及主要管理人员无不良记录；

（二）单只基金募集规模不超过5亿元；

（三）单只基金投资单一创业企业股权的余额不超过基金募集规模的10%；

（四）基金普通合伙人（或基金管理机构）及其关联方、基金主要管理人员投资或认缴基金余额合计不低于基金募集规模的3%。

四、保险公司投资创业投资基金，应当具备股权投资能力，投资时上季度末偿付能力充足率不低于120%，投资规范、风险控制、监督管理等遵循《保险资金投资股权暂行办法》及相关规定。

五、保险公司应当强化分散投资原则，投资创业投资基金的余额纳入权益类资产比例管理，合计不超过保险公司上季度末总资产的2%，投资单只创业投资基金的余额不超过基金募集规模的20%。

六、保险资金可以通过投资其他股权投资基金间接投资创业企业，或者通过投资股权投资母基金间接投资创业投资基金。投资其他股权投资基金和股权投资母基金的基金管理机构、主要投向、管理运作等应当符合中国保监会关于保险资金间接投资股权的规定。

七、保险资金投资创业投资基金的基金管理机构可以聘请专业机构提供相关服务，包括托管机构、投资咨询机构、募集代理机构、律师事务所、会计师事务所等，上述机构应当符合相关监管规定，并接受中国保监会涉及保险资金投资的质询，报告有关情况。

八、保险公司、基金管理机构、托管机构应当按照《保险资金投资股权暂行办法》及相关规定,向中国保监会报告保险资金投资创业投资基金的资金运作情况。

基金管理机构应当于基金募集保险资金后 20 个工作日内,向中国保监会或其指定的信息登记平台报送基金相关信息。

九、保险公司、基金管理机构或专业机构违反本通知及相关监管规定的,中国保监会有权责令相关当事人改正,并依法给予行政处罚或列入负面清单管理。

十、本通知自发布之日起施行。有关监管政策与本通知不一致的,以本通知为准。

中国保监会
2014 年 12 月 12 日

# 第四部分

北京股权投资基金协会会员名录

# 北京股权投资基金协会会员名录

| 序号 | 机构名称 | 机构类型 | 联系方式 |
|---|---|---|---|
| 1 | 鼎晖投资 | PE/VC | 地址：朝阳区东三环中路5号楼财富金融中心25层<br>传真：86-10-8507-6999<br>网址：www.cdhfund.com |
| 2 | 宽带资本 | PE | 地址：北京市朝阳区日坛北路日坛公园具服殿<br>电话：86-10-85635888<br>传真：86-10-85635678<br>网址：www.cbc-capital.com |
| 3 | 弘毅投资 | PE | 地址：北京市海淀区科学院南路2号融科资讯中心C座南楼6层<br>电话：86-10-8265-5888<br>传真：86-10-8265-5800<br>网址：www.honycapital.com |
| 4 | 北京科桥投资顾问有限公司 | PE | 地址：北京市西城区金融大街19号富凯大厦B座9层<br>电话：86-10-6657-5509<br>传真：86-10-6657-5513<br>网址：www.co-bridgecapital.com |
| 5 | 红杉资本中国基金 | PE/VC | 地址：北京市朝阳区建国路77号华贸中心3号写字楼3606<br>电话：86-10-8447-5668<br>传真：86-10-8447-5669<br>网址：www.sequoiacap.cn |
| 6 | 赛富亚洲投资基金 | VC | 地址：北京市朝阳区建国门外大街甲6号中环世贸中心C座18层<br>电话：86-10-6563-0202<br>传真：86-10-6563-0252<br>网址：www.sbaif.com |

续表

| 序号 | 机构名称 | 机构类型 | 联系方式 |
|---|---|---|---|
| 7 | 中信资本 | 另类投资 | 地址：中国北京市东城区东直门南大街1号北京来福士中心办公楼22层<br>电话：86-10-5802-3999<br>传真：86-10-5802-3600<br>网址：www.citiccapital.com |
| 8 | 中信产业基金 | PE | 地址：北京市东城区金宝街89号金宝大厦11层<br>电话：86-10-8507-9000<br>传真：86-10-8522-1872<br>网址：www.citicpe.com |
| 9 | 新天域资本<br>New Horizon Capital | PE | 地址：北京市东城区金宝街89号金宝大厦10层1008室<br>电话：86-10-8950-8400<br>传真：86-10-8950-8401<br>网址：www.nhfund.com |
| 10 | 深圳市创新投资集团有限公司 | VC | 地址：广东省深圳市福田中心区深南大道4009号投资大厦11层<br>电话：0755-8291-2888<br>传真：0755-8291-2880<br>网址：www.szvc.com.cn |
| 11 | 中科招商集团<br>CSC GROUP | PE/VC | 地址：北京市朝阳区马甸桥裕民路12号中国国际科技会展中心A座11层<br>电话：86-10-5165-2211<br>传真：86-10-5765-2233<br>网址：www.leadvc.com |
| 12 | IDG资本 | VC | 地址：北京建国门内大街8号中粮广场A座6层<br>电话：86-10-6526-2400<br>传真：86-10-6526-0700<br>网址：www.idgvc.com |

续表

| 序号 | 机构名称 | 机构类型 | 联系方式 |
|---|---|---|---|
| 13 | 太盟产业基金 | PE | 地址:中国北京市朝阳区建国路79号华贸中心写字楼2座2405室<br>电话:86-10-8588-2998<br>传真:86-10-8588-2996<br>网址:www.pagasia.com |
| 14 | 方源资本 | PE | 地址:中国北京建国门外大街1号国贸写字楼1座3410室<br>电话:86-10-5776-6288<br>传真:86-10-5776-6299<br>网址:www.fountainvest.com |
| 15 | 北京金融资产交易所 | 中介服务机构 | 地址:北京市西城区金融大街乙17号<br>电话:86-10-5789-6666<br>传真:86-10-5789-6688<br>网址:www.cfae.cn |
| 16 | 凯雷投资集团 | PE | 地址:北京市朝阳区建国门外大街1号国贸大厦19层07-18室<br>电话:86-10-5706-7000<br>传真:86-10-5706-7003<br>网址:www.carlyle.com |
| 17 | 北京控股有限公司 | | 地址:中国香港湾仔港湾道路18号中环广场66层<br>电话:852-2915-2898<br>传真:852-2857-5084<br>网址:www.behl.com.hk |
| 18 | 中国企业投资协会 | | 地址:北京市海淀区知春路118号知春大厦A座1005号<br>电话:86-10-6257-7428/29/30/32<br>传真:86-10-8261-2221<br>网址:www.ceia.cn |

续表

| 序号 | 机构名称 | 机构类型 | 联系方式 |
|---|---|---|---|
| 19 | 毕马威华振会计师事务所 | 中介服务机构 | 地址：中国北京东长安街1号东方广场东2座8层<br>电话：86-10-8508-5000<br>传真：86-10-8518-5111<br>网址：www.kpmg.com |
| 20 | 天元律师事务所 | 中介服务机构 | 地址：北京市西城区丰盛胡同28号太平洋保险大厦10层<br>电话：86-10-5776-3888<br>传真：86-10-5776-3777<br>网址：www.tylaw.com.cn |
| 21 | 美国佳利律师事务所北京办事处 | 中介服务机构 | 地址：北京市朝阳区建国门外大街乙12号双子座大厦西办公楼第23层<br>电话：86-10-5920-1000<br>传真：86-10-5879-3902<br>网址：www.cgsh.com |
| 22 | 元禾控股 | PE/VC | 地址：中国江苏苏州工业园区苏虹东路183号东沙湖股权投资中心19幢<br>电话：86-512-6660-9999<br>传真：86-512-6696-9998<br>网址：www.csvc.com.cn |
| 23 | 高能资本 | PE/VC | 地址：北京市朝阳区霞光里15号霄云中心A座2103<br>电话：86-10-8446-3378<br>传真：86-10-8446-3346<br>网址：www.powercapital.cn |
| 24 | 德同资本 | PE/VC | 地址：北京市朝阳区东三环中路7号财富中心写字楼A座611室<br>电话：86-10-6530-9968<br>传真：86-10-6530-9968-108<br>网址：www.dtcap.com |

续表

| 序号 | 机构名称 | 机构类型 | 联系方式 |
|---|---|---|---|
| 25 | 兴边富民 | PE | 地址：北京市朝阳区东四环中路嘉泰国际大厦14层<br>电话：86-10-8571-1234<br>传真：86-10-8571-1212<br>网址：www.fortmanfund.com |
| 26 | 上海浦东发展银行北京分行 | | 地址：北京市西城区太平桥大街18号丰融国际大厦<br>电话：86-10-5739-5588<br>传真：86-10-5837-7100<br>网址：www.spdb.com.cn/chpage/c353/doclist.aspx |
| 27 | 华夏银行 | | 地址：北京市东城区建国门内大街22号华夏银行大厦<br>网址：www.hxb.com.cn/chinese/index.html |
| 28 | 国投创新（北京）投资管理有限公司 | PE | 地址：北京市西城区广安门外南滨河路1号中国高新大厦7层<br>电话：86-10-8800-6412<br>传真：86-10-8800-6415<br>网址：www.sdicfund.com |
| 29 | 明石投资 | PE | 地址：北京市海淀区海淀北二街10号泰鹏大厦0908—0916室<br>电话：86-10-6019-0799<br>传真：86-10-6019-0322<br>网址：www.brightstone-fund.com |
| 30 | 盛世神州基金 | PE | 地址：北京市朝阳区朝阳北路237号复星国际中心1906<br>电话：86-10-5977-0808<br>传真：86-10-5977-0828<br>网址：www.grandchinafund.com |
| 31 | 千舟清源 | VC | 地址：北京市海淀区海淀北二街8号中关村SOHO PE大厦516<br>电话：86-10-6262-7500<br>传真：86-10-6262-7300<br>网址：www.qianzhoufund.com |

续表

| 序号 | 机构名称 | 机构类型 | 联系方式 |
|---|---|---|---|
| 32 | 惠农资本 | PE | 地址:北京市朝阳区建国路甲92号世茂大厦C座23层<br>电话:86-10-6702-0808<br>传真:86-10-6701-8885<br>网址:www.chnc.com.cn |
| 33 | 华融融德资产管理有限公司 | PE | 地址:北京市西城区武定候街6号306室<br>电话:86-10-5931-5310<br>网址:www.rongdeamc.com.cn |
| 34 | 蓝色经济区产业投资基金 | | 地址:北京市东城区建国门内大街7号光华长安大厦1座15层<br>网址:bluefund.cn |
| 35 | 清科财务管理咨询(北京)有限公司 | | 地址:北京市朝阳区霄云路26号鹏润大厦A座1203室<br>电话:86-10-8458-0476/6258-8680<br>传真:86-10-8458-0480<br>网址:www.zero2ipogroup.com |
| 36 | 北京国泰创业投资基金管理有限公司 | VC | 地址:北京市西城区金融大街甲9号金融街中心905<br>电话:86-10-8885-4918<br>传真:86-10-8885-6409<br>网址:www.gtvc.cc |
| 37 | 人保资本投资管理有限公司 | PE | 地址:北京市西城区武定候街6号卓著中心6层<br>电话:86-10-8356-1999<br>传真:86-10-8356-1900 |
| 38 | 北京立达投资基金管理中心 | PE | 地址:北京市海淀区板井路69号世纪金源大饭店东区写字楼7层 |
| 39 | 通用(北京)投资基金管理有限公司 | PE | 地址:北京市西三环中路90号通用技术大厦16层<br>电话:86-10-6334-8962 |

续表

| 序号 | 机构名称 | 机构类型 | 联系方式 |
|---|---|---|---|
| 40 | 云月投资 | PE | 地址：上海市黄浦区黄陂北路227号中区广场22楼<br>电话：86-21-6120-2080<br>传真：86-21-6120-2060<br>网址：www.lunarcap.com |
| 41 | 金陵华软 | VC | 地址：北京市东直门南大街1号来福士中心办公楼9层<br>电话：86-10-6553-8990<br>传真：86-10-6553-5560<br>网址：www.chinasoftcapital.com |
| 42 | 南山资本 | PE | 地址：北京市朝阳区建国门外大街1号国贸三期45层<br>电话：86-10-5706-9900<br>传真：86-10-5706-9933<br>网址：www.nanshancapital.com |
| 43 | 东海岸投资 | PE | 地址：北京市朝阳区广渠路42号院3号楼一层<br>电话：86-10-8771-8097<br>传真：86-10-8771-8097<br>网址：www.cecicapital.com |
| 44 | 紫马基金 | FOFs | 地址：北京市朝阳区东三环中路9号富尔大厦31层<br>电话：86-10-8591-0855<br>传真：86-10-8591-0853<br>网址：www.pefofs.com |
| 45 | 金石投资 | 券商直投 | 地址：北京市朝阳区亮马桥路48号中信证券大厦17层<br>电话：86-10-6083-7800<br>传真：86-10-6083-7899<br>网址：www.goldstone-investment.com |
| 46 | 汉能（北京）投资咨询有限公司 | PE/VC | 地址：北京市朝阳区建国路79号华贸中心2座14层<br>电话：86-10-8588-9000<br>传真：86-10-8588-9001<br>网址：www.hinagroup.com |

续表

| 序号 | 机构名称 | 机构类型 | 联系方式 |
|---|---|---|---|
| 47 | 北京金立方投资管理有限公司 | VC | 地址：北京西城区阜外大街11号国宾大厦908室<br>电话：86－10－6800－5808<br>传真：86－10－6800－5618<br>网址：www.goldencube.cn |
| 48 | 北京金石农业投资基金管理中心 | PE | 地址：北京市朝阳区吉庆里14号佳汇国际中心A座1603<br>电话：86－10－6553－6262<br>传真：86－10－6553－8591<br>网址：www.agri－fund.cn |
| 49 | 中城投资 | PE | 地址：上海市徐汇区虹桥路500号中城国际大厦8楼<br>电话：86－21－3887－0996<br>传真：86－21－5882－0669<br>网址：www.curafund.com |
| 50 | 中国—比利时直接股权投资基金 | VC | 地址：上海市南京西路1266号恒隆广场1号楼4601室<br>电话：86－21－6288－3005<br>传真：86－21－6288－5825<br>网址：www.hffund.com.cn |
| 51 | 杜鸣联合房地产评估（北京）有限公司 | 中介服务机构 | 地址：北京市西城区西直门外大街135号展览馆宾馆8层<br>电话：86－10－6518－6610<br>传真：86－10－6518－7811 |
| 52 | 投中集团 | 中介服务机构 | 地址：北京市东城区东直门南大街11号中汇广场A座7层<br>电话：86－10－59799690<br>传真：86－10－85893650－603<br>网址：www.chinaventuregroup.com.cn |
| 53 | 宁波瀚铖股权投资管理有限公司 | PE | 地址：北京市丰台区育芳园西里1号万年基业办公楼3楼<br>电话：86－10－6379－3838<br>传真：86－10－6378－0338<br>网址：www.wannian.com.cn |

续表

| 序号 | 机构名称 | 机构类型 | 联系方式 |
|---|---|---|---|
| 54 | 北京富莱晨思特许经营商业投资中心 | PE | 地址：北京市石景山区石景山路20号中铁建设大厦19层<br>电话：86-10-5265-6114<br>传真：86-10-5265-6126 |
| 55 | 北京市柴傅律师事务所 | 中介服务机构 | 地址：北京市朝阳区亮马桥路39号第一上海中心4层<br>电话：86-10-8453-4567<br>传真：86-10-8453-4568<br>网址：www.chaifu.com |
| 56 | 北京中拓创富投资管理中心 | VC | 地址：北京市海淀区北坞村路甲25号静芯园L座南二层<br>电话：86-10-5156-3030<br>传真：86-10-5156-2009 |
| 57 | 平安信托投资有限责任公司 | PE | 地址：北京朝阳区新源南路3号平安国际金融中心A座<br>网址：trust.pingan.com |
| 58 | 招商资本投资有限公司 | 券商直投 | 地址：北京市西城区金融大街甲9号金融街中心7层<br>电话：86-10-5760-1898<br>传真：86-10-5760-1880 |
| 59 | 蓝明（北京）投资咨询有限公司 | | 地址：北京市朝阳区建国路79号华贸中心2号楼9层 |
| 60 | 北京市权亚律师事务所 | 中介服务机构 | 地址：北京市建国门外大街1号国贸写字楼一座2218室<br>电话：86-10-6505-8188<br>传真：86-10-6505-8189/98<br>网址：www.transasialawyers.com |
| 61 | 北京厚生投资管理中心（有限合伙） | PE | 地址：北京市朝阳区建国门外大街双子座大厦西塔2508室 |

续表

| 序号 | 机构名称 | 机构类型 | 联系方式 |
| --- | --- | --- | --- |
| 62 | 盛诺金基金 | PE | 地址：北京市朝阳区北辰东路8号汇宾大厦B座0421室<br>电话：86-10-8497-1699<br>传真：86-10-8497-1799<br>网址：www.sngfund.com |
| 63 | 华融渝富股权投资基金管理有限公司 | PE | 地址：北京市西城区金融大街8号中国华融大厦C座9层<br>电话：86-10-5961-9161<br>传真：86-10-5961-9175<br>网址：www.hryfc.com.cn |
| 64 | 安永（中国）企业咨询有限公司 | 中介服务机构 | 地址：北京市东城区东长安街1号东方广场安永大楼<br>电话：86-10-5815-3000<br>传真：86-10-8518-8298<br>网址：www.ey.com/CN/zh/Home |
| 65 | 北京通盈盛世投资基金管理有限公司 | PE | 地址：北京市东城区新中西里13号巨石大厦803室<br>电话：86-10-5190-9838 |
| 66 | 北京银行股份有限公司 | 中介服务机构 | 地址：北京市西城区金融大街丙17号<br>网址：www.bankofbeijing.com.cn |
| 67 | 德勤华永会计师事务所有限公司北京分所 | 中介服务机构 | 地址：中国北京市东长安街1号东方广场东方经贸城德勤大楼8层<br>电话：86-10-8520-7788<br>传真：86-10-8518-1218<br>网址：www.deloitte.com/view/zh_CN/cn/index.htm |
| 68 | 北京财富世纪投资基金管理有限公司 | PE | 地址：北京市朝阳区光华里12号<br>电话：86-10-8447-9959<br>传真：86-10-8447-9493 |
| 69 | 爱康创业投资有限公司 | VC | 地址：北京市朝阳区安翔里甲21号楼3层 |

续表

| 序号 | 机构名称 | 机构类型 | 联系方式 |
|---|---|---|---|
| 70 | 北极光创投 | VC | 地址：北京市朝阳区建国路 79 号华贸中心 2 号写字楼 32 层<br>电话：86－10－5769－6500<br>传真：86－10－5969－6185<br>网址：www.nlvc.com |
| 71 | 福建拓维律师事务所 | 中介服务机构 | 地址：福州市乌山西路 318 号鼓楼科技大厦 14F<br>电话：0591－8738－8366<br>传真：0591－8738－8266<br>网址：http://topwe－law.com/ |
| 72 | 北京貔亿投资管理有限公司 | PE | 地址：北京市朝阳区东三环北路甲 19 号嘉盛中心 30 层<br>电话：010－5870－7783<br>传真：010－5967－0212<br>网址：http://www.86pe.cn/html/sypp/sytz_1263.html |
| 73 | 银基伟业 | PE | 地址：北京经济技术开发区经海路 1 号院 57 号楼<br>电话：86－010－5671－7110<br>网址：www.chinabankfund.com |
| 74 | 航天产业投资基金管理有限公司 | PE | 地址：北京市西城区平安里西大街 31 号航天金融大厦 6 层<br>电话：86－10－6649－8999<br>传真：86－10－6649－8989 |
| 75 | 高盛（亚洲）有限责任公司 | PE | 地址：北京市西城区金融大街 7 号英蓝国际中心 17 层<br>电话：86－10－6627－3400<br>传真：86－10－6627－3300<br>网址：www.goldmansachs.com |
| 76 | 美国美迈斯律师事务所北京代表处 | 中介服务机构 | 地址：中国北京市建国门外大街 2 号银泰中心 C 座 37 层<br>电话：86－10－6563－4200<br>传真：86－10－6563－4201<br>网址：www.omm.com |

续表

| 序号 | 机构名称 | 机构类型 | 联系方式 |
|---|---|---|---|
| 77 | 北京京西创业投资基金管理有限公司 | VC | 地址:北京市石景山区石景山路20号中铁建设大厦14层<br>电话:86-10-5239-3900<br>传真:86-10-5239-3988<br>网址:www.bwfm.com.cn |
| 78 | 穆塞克(北京)投资基金管理有限公司 | PE | 地址:北京市海淀区中关村西区海淀东三街2号欧美汇大厦7层<br>电话:86-10-6260-2220<br>网址:www.mospe.com |
| 79 | 瑞银环球资产管理(中国)有限公司 | PE | 地址:北京市西城区金融大街7号英蓝国际金融中心1119室 |
| 80 | 北京金融街投资管理有限公司 | PE | 地址:北京市西城区金融大街33号通泰大厦 |
| 81 | 曼达林投资顾问有限公司 | PE | 地址:中国北京市朝阳区建国门外大街1号国贸写字楼2座2401室<br>电话:86-10-5929-8698<br>传真:86-10-5929-8699<br>网址:www.mandarincapitalpartners.com.cn |
| 82 | 美国谢尔曼·思特灵律师事务所 | 中介服务机构 | 地址:北京市建国门外大街乙12号双子座大厦东塔12层<br>电话:86-10-5922-8000<br>传真:86-10-6563-6000<br>网址:www.shearman.com |
| 83 | 银证国际投资基金管理(北京)有限公司 | PE | 地址:北京市东城区广渠门内大街45号雍贵中心B座二层<br>电话:86-10-8755-5651<br>传真:86-10-8755-5650 |
| 84 | 高伟绅律师事务所北京代表处 | 中介服务机构 | 地址:北京市朝阳区建国门外大街1号国贸大厦1座33楼<br>电话:86-10-6535-2288<br>传真:86-10-6505-9028<br>网址:www.cliffordchance.com |

续表

| 序号 | 机构名称 | 机构类型 | 联系方式 |
|---|---|---|---|
| 85 | 北京昆仑星河投资管理有限公司 | VC | 地址:北京市东城区东四十条甲22号南新仓商务大厦A1705<br>电话:86-10-5169-0605<br>传真:86-10-5169-0612<br>网址:www.kunlunfund.com.cn |
| 86 | 新沃资本 | PE | 地址::北京市海淀区丹棱街3号中国电子大厦B座1616室<br>电话:86-10-6894-9996<br>传真:86-10-6894-1717<br>网址:www.sinvocapital.com |
| 87 | 稳盛(天津)投资管理有限公司 | PE | 地址:北京市朝阳区建国路91号金地中心B座27层2708室<br>电话:86-10-5768-5966<br>传真:86-10-5768-5999<br>网址:www.winsinvestment.com |
| 88 | 光大金控投资管理有限公司 | PE | 地址:北京市西城区太平桥大街25号光大中心B座14层<br>电话:86-10-8801-3300<br>传真:86-10-8801-3399<br>网址:www.ebasset.com |
| 89 | 工银国际融通资本 | PE | 地址:北京市西城区宣武门外大街甲1号环球财讯中心C座603A<br>电话:86-10-5933-6655<br>传真:86-10-5933-6611<br>网址:www.icbci.com.hk |
| 90 | 中国建设银行股份有限公司北京市分行 | 中介服务机构 | 地址:中国北京西城区金融大街25号 |
| 91 | 博泽资产管理有限公司 | PE | 地址:北京市朝阳区永安东里16号CBD国际大厦2001室<br>电话:86-10-8521-9590<br>传真:86-10-8521-9677<br>网址:www.bozeasset.com |

续表

| 序号 | 机构名称 | 机构类型 | 联系方式 |
|---|---|---|---|
| 92 | 北京中农国新产业投资基金（有限合伙） | PE | 地址：北京市海淀区中关村南大街12号中国农业科学院中日新楼<br>电话：86-10-6216-5055<br>传真：86-10-6216-5155 |
| 93 | 万通投资控股股份有限公司 | 企业 | 地址：北京市西城区阜成门外大街2号万通新世界广场B座8层<br>电话：86-10-6804-6012<br>传真：86-10-6804-6071<br>网址：www.vantone.net |
| 94 | 君盛投资管理有限公司 | PE | 地址：深圳市龙华新区玉龙路圣莫丽斯花园B17栋1单元3楼<br>电话：86-755-8257-1118<br>传真：86-755-8257-1198<br>网址：www.junsancapital.com |
| 95 | 北京大成律师事务所投资并购部 | 中介服务机构 | 地址：北京市朝阳区东大桥路9号侨福芳草地D座7层<br>电话：86-10-5813-7799<br>传真：86-10-5813-7788<br>网址：www.dachenglaw.com |
| 96 | 高和资本 | PE | 地址：北京市朝阳区建国门外大街1号国贸写字楼1座17层1725<br>电话：86-10-6505-5996<br>网址：www.gohighfund.com |
| 97 | 藏山资本 | PE | 地址：北京市朝阳区光华路5号世纪财富中心西座2202号<br>电话：86-10-6584-7688<br>传真：86-10-8587-5517<br>网址：www.faith-capital.com |
| 98 | 泛亚国际 | PE | 地址：北京市朝阳区呼家楼京广中心3601室<br>电话：86-10-5325-7777<br>传真：86-10-5325-7700<br>网址：www.cpana.com.cn |

续表

| 序号 | 机构名称 | 机构类型 | 联系方式 |
|---|---|---|---|
| 99 | 上海银行北京分行资产托管部 | 中介服务机构 | 地址：北京市朝阳区建国门外大街丙12号<br>电话：86-10-5761-0094<br>传真：86-10-5761-0094<br>网址：www.bankofshanghai.com |
| 100 | 北京金杜律师事务所 | 中介服务机构 | 地址：北京市朝阳区东三环中路1号环球金融中心办公楼东楼20层<br>电话：86-10-5878-5588<br>传真：86-10-5878-5599<br>网址：www.kingandwood.com |
| 101 | 北京基石创业投资管理中心（有限合伙） | VC | 地址：北京市海淀区彩和坊路10号1+1大厦1305室<br>电话：86-10-6019-0398<br>传真：86-10-6019-0393<br>网址：www.bjjsfund.com.cn |
| 102 | 泰康资产管理有限责任公司 | 保险资产管理公司 | 地址：复兴门内大街156号泰康人寿大厦7层<br>电话：86-10-5769-1888<br>网址：www.taikang.com |
| 103 | 北京亦庄国际投资发展有限公司 | PE | 地址：北京经济技术开发区景园北街2号BDA国际企业大道61栋<br>电话：86-10-8716-2565<br>网址：www.etowncapital.com |

注：北京股权投资基金协会根据公开信息搜集整理。部分会员信息未收录其中。

本表信息截止日期为2015年3月。

# 第五部分

北京股权投资基金协会介绍

# 北京股权投资基金协会介绍

北京股权投资基金协会(简称"北京 PE 协会",英文:Beijing Private Equity Association,缩写为 BPEA)成立于 2008 年 6 月 20 日。

**协会致力于:**

促进行业环境建设,建立自律监管机制;

维护会员合法权益,研究行业发展动向;

培养相关专业人员,组织内外交流合作。

**联系方式:**

北京市西城区金融大街甲 9 号金融街中心南楼 902(100033)

传真:86 - 10 - 8808 - 6229

Email:bpea@ bpea. net. cn

网址:www. bpea. net. cn

官方微信账号:bpea - bpea

**会员部:**

联系人:丛小姐

联系方式:86-10-8808-7061

Email:jhcong@bpea.net.cn

**基金服务中心：**

联系人:叶小姐

联系方式:86-10-8808-7063

Email:ypye@bpea.net.cn

图书在版编目(CIP)数据

2014年度北京地区股权投资行业报告/北京股权投资基金协会编. —北京：首都经济贸易大学出版社,2015.5

ISBN 978-7-5638-2356-7

Ⅰ.①2… Ⅱ.①北… Ⅲ.①股份有限公司—融资—研究报告—北京市—2014 ②股权—投资基金—研究报告—北京市—2014  Ⅳ.①F279.246 ②F832.51

中国版本图书馆 CIP 数据核字(2015)第 088358 号

---

**2014 年度北京地区股权投资行业报告**
北京股权投资基金协会　编

---

| | |
|---|---|
| 出版发行 | 首都经济贸易大学出版社 |
| 地　　址 | 北京市朝阳区红庙（邮编 100026） |
| 电　　话 | (010)65976483　65065761　65071505(传真) |
| 网　　址 | http://www.sjmcb.com |
| E-mail | publish@cueb.edu.cn |
| 经　　销 | 全国新华书店 |
| 照　　排 | 首都经济贸易大学出版社激光照排服务部 |
| 印　　刷 | 北京京华虎彩印刷有限公司 |
| 开　　本 | 787 毫米×1092 毫米　1/16 |
| 字　　数 | 256 千字 |
| 印　　张 | 7.75 |
| 版　　次 | 2015 年 5 月第 1 版　2015 年 5 月第 1 次印刷 |
| 书　　号 | ISBN 978-7-5638-2356-7/F·1335 |
| 定　　价 | 30.00 元 |

---

图书印装若有质量问题,本社负责调换
版权所有　侵权必究